# BILDFOLGE — *Entdeckungsreise durch das ERZGEBIRGE*
# CONTENTS — *A Vouyage of discovery through the ERZ MONTAINS*
# CONTENUÀ — *la découverte de l'ERZGEBIRGE*

HORST ZIETHEN

# Erzgebirge

## Erlebnisreise rund um die Silberstraße

Oberwiesenthal, historische Postkutsche

 ZIETHEN-PANORAMA VERLAG

# Eine Erlebnisreise ins Erzgebirge

Das Erzgebirge trägt den liebevollen Beinamen „Weihnachtsland". Denn nirgendwo anders in Deutschland erstrahlen Städte und Dörfer in den letzten Wochen des Jahres in solchem Lichterglanz und sind so viele Sitten und Bräuche mit der Weihnachtszeit verbunden. Der Ursprung für den Lichterglanz ist im Bergbau zu finden: Das Licht ist für den Bergmann seit jeher ein Zeichen für Leben und Hoffnung, für Geborgenheit und Glück. Früh, noch vor Sonnenaufgang, fuhr er ins Dunkle ein, und wenn er abends heimkehrte, war es meist schon wieder Nacht. Statt „guten Tag" wünschte man sich ein „Glück auf", das zum Bergmannsgruß wurde und noch heute gebräuchlich ist.

## Die „Silberstraße"

Der Bergbau hat aber nicht nur das Weihnachtsfest geprägt, er hat das Erzgebirge seit 800 Jahren vielfältig geformt. Zum ersten Mal ertönte das „Berggeschrey" im Jahr 1168, 300 Jahre später brach in der Region ein regelrechtes Silberfieber aus. Maulwürfen gleich wühlten die Bergleute Gänge in die Erde. Etliche davon blieben erhalten. Sie ziehen in unseren Tagen tausende Touristen an, die in die Berge steigen oder fahren, um sich in den heutigen Schaubergwerken einen Eindruck vom schweren Bergmannsleben zu verschaffen. Der Bergbau hat das Erzgebirge im späten Mittelalter zu einer reichen Gegend in Deutschland gemacht. Welch ein Glück für jene, die in unseren Tagen in dieser Region auf den Tourismus setzen. So kann das Erzgebirge neben schöner Natur und historischen Bergbauanlagen auch gewaltige Hallenkirchen, reich geschmückte Bürgerhäuser und wehrhafte Dorfkirchen präsentieren. Die in Zwickau beginnende 140 km lange Touristen-Silberstraße verbindet heute die traditionsreichsten Städte und Dörfer mit der sächsischen Landeshauptstadt Dresden.

# A Journey of Experience in the Erz Mountains

The Erz Mountains are affectionately nicknamed "Christmas Country". There is perhaps no other place in all of Germany where the cities and villages radiate such a brilliance, boasting endless strings of lights during the last few weeks of the year, or where there are so many customs and traditions associated with the Christmas season. The glowing lights have their origins in the mining industry: Since time immemorial the miner has always seen light as a sign of life and hope, of security and happiness. Early in the day, before sunrise even, the miner would enter the mine in darkness, and he returned after nightfall at the end of the working day. Instead of saying "good afternoon", people wished each other "good luck", which became the traditional miner's greeting.

## The "Silver Street"

Mining has not only influenced our Christmas festival but has also, quite literally, helped to shape the Erz Mountains for over 800 years. In the year 1168 when the "cry of the mountains" echoed out for the first time. Three hundred years later an absolute silver fever broke out in the region. As ambitious as the busiest moles, this mining folk carved out their tunnels in the earth. Many of the tunnels still remain to this day. They draw thousands of tourists who descend into the depths in order to get a glimpse of a typical mine and an impression of the difficult life of a miner. During the late Middle Ages, mining transformed the Erz Mountains into one of the richest areas in all of Germany. How lucky for those nowadays who have chosen to invest in tourism in this region. In addition to their natural beauty and historic castle ruins, the Erz Mountains also offer impressive high-ceilinged churches, richly ornamented half-timbered houses, and well-fortified village churches. The 140 km long tourist Silver Street, which begins in Zwickau, today connects the historically rich cities and villages along it with the capital of Saxony, the city of Dresden.

# À la expérience de l'Erzgebirge

L'Erzgebirge (Monts Métallifères) s'étend à l'Est de l'Allemagne et borde la frontière nord-ouest de la République Tchèque. Cette région de montagnes moyennes est surnommée le « pays de Noël », car nulle part ailleurs en Allemagne, on ne voit de villes et villages illuminés avec autant d'éclat durant le mois de décembre, et on ne célèbre autant de traditions liées à la fête de Noël. Cet amour des illuminations est issu du travail à la mine: partis tôt le matin, avant le lever du soleil, et rentrant du labeur à la nuit tombée, les mineurs d'autrefois ne voyaient guère la clarté du jour. À la lumière, ils associaient la vie et l'espérance, la sécurité et le bonheur familial.

## La Route de l'Argent

La mine n'a pas seulement laissé son empreinte à la fête de Noël, mais aussi dessiné, durant huit siècles, les paysages de l'Erzgebirge. La richesse des Monts Métallifères fut découverte au milieu du XIIe siècle; 300 ans plus tard, une véritable « fièvre de l'argent » s'abattait sur la région. Les hommes se mirent à creuser des galeries sous la terre, à la recherche du précieux métal. Un grand nombre de ces mines existent encore aujourd'hui; elles sont visitées par des milliers de touristes auxquels elles racontent le dur labeur des anciens mineurs. À la fin du Moyen Âge, l'Erzgebirge comptait parmi les régions les plus riches d'Allemagne grâce à l'exploitation minière. Ce dont profitent ceux qui ont misé sur le tourisme au cours des dernières années. Outre une nature splendide et des sites miniers à visiter, l'Erzgebirge offre également un volet historique captivant relaté dans ses imposantes basiliques, ses superbes châteaux, ses villes aux maisons patriciennes, et ses villages aux églises fortifiées. Longue de 140 km, la Route de l'Argent commence à Zwickau et traverse des localités riches en traditions qu'elle relie à Dresde, la capitale de la Saxe.

Noch einmal lebte der Bergbau nach dem Zweiten Weltkrieg auf. Durch die Wismut AG, in der viele Jahre die Russen das alleinige Sagen hatten, wurde gnadenlos nach Uran geschürft. Sichtbare Zeichen der Wismut-Zeit sind riesige Abraumhalden, vor allem bei Aue und Johanngeorgenstadt. Durch viel Grün sind die von Menschenhand geschaffenen Berge mittlerweile kaum noch als Hinterlassenschaft des Bergbaus zu erkennen.

## Das Erzgebirge – ein Naturpark-Gebiet

Die höchsten und schönsten Berge jedoch hat die Natur geschaffen, mindestens zwei Dutzend im Osterzgebirge. Bei schönem Wetter bieten die Aussichtstürme herrliche Fernsichten auf sanftwellige Höhen, aufgesetzte Kuppen, lang gestreckte und tief eingeschnittene Täler und stille Dörfer mit gastfreundlichen Menschen. Die Erzgebirgler sind kontaktfreudig und aufgeschlossen, sie haben ein regelrechtes Faible für Gemütlichkeit. Um die blumenübersäten Berg- und Feuchtwiesen, die Fluss- und Bachtäler, die geheimnisvollen Hochmoore und dunklen Bergmischwälder zu erhalten, schuf man den Naturpark Erzgebirge/Vogtland. Als schmales Band zieht er sich vom Vogtlandort Bad Elster bis Holzhau im Osterzgebirge hin.

Die Erzfunde gaben dem Grenzgebirge zwischen Sachsen und Böhmen seinen Namen. Auf einer Länge von 150 km und einer durchschnittlichen Breite von 40 km erstreckt sich das Erzgebirge vom Auersberg im Westen bis zum Geisingberg im Osten. Es reicht bis nach Tschechien, wo es den Namen „Krušné hory" trägt. Die Einheimischen sagen „Huckelkuchen" zu diesem Gebirge.

## Die Heimat der Nussknacker

Als nach der Deutschen Wiedervereinigung Anfang der 90er Jahre viele Wirtschaftszweige wegbrachen,

The mining industry experienced a rebirth after the Second World War. The firm of Wismut AG, which was under the total control of the Russians for many years, was largely responsible for the merciless exploration of uranium. Huge slag heaps, especially around Aue and Johanngeorgenstadt, are visible reminders of the Wismut era. However, these manmade mountains are now pleasantly green and barely recognizable as the remaining legacy of the mining industry, thanks to extensive planting with shrubs and grass.

## The Erz Mountains – a natural park

Mother Nature however is the sculptress of the highest and most beautiful mountains, at least two dozen in the eastern Erz Mountains. In clear weather these imposing lookout towers offer gorgeous distant views over gently rolling bluffs, rocky knolls and long, winding, deeply carved valleys, home to quiet villages with hospitable people. The inhabitants of the Erz Mountains are open and approachable, with a real weakness for warm cosiness. The Nature Park of Erzgebirge/Vogtland was created in order to preserve the flower-strewn mountain meadows and marshes, the valleys outlined by rivers and streams, the mysterious high moor and the dark, verdant mountain forests. As a small, narrow band of pure natural beauty, this park runs from Vogtlandort Bad Elster up to Holzhau in the eastern Erz Mountains.

Ore excavation is what gave these mountains between Saxony and Bohemia their name. Covering an area 150 km long and approximately 40 km wide, the Erz Mountains stretch from Auersberg in the west right up to Geisingberg in the east. They reach clear to the Czech border, where they are known as "Krušné hory". The locals call these mountains the "humpback cake".

L'exploitation minière connut une sorte de renaissance après la Seconde Guerre Mondiale. Sous la coupe des Soviétiques, la société Wismut AG prospecta des mines d'uranium pendant des années. De gigantesques terrils, notamment près de Johanngeorgenstadt et Aue, témoignent de cette période de surexploitation. Mais depuis, ils ont été recouverts de végétation, et on reconnaît à peine que les collines verdoyantes étaient des crassiers.

## L'Erzgebirge – un parc naturel

C'est toutefois la nature qui a créé les plus hauts et les plus beaux sommets de la région. L'Osterzgebirge (Erzgebirge oriental) en compte au moins deux douzaines. Par beau temps, les points de vue offrent de splendides panoramas sur des paysages de collines douces, de massifs abrupts, de longues vallées encaissées où se nichent de paisibles villages habités par une souche de gens fiers de leurs traditions, mais aussi connus pour leur convivialité à l'égard des étrangers. Pour préserver la flore des prés et des versants des montagnes, les vallons et vallées des ruisseaux et rivières, les plateaux de marais mystérieux et les forêts sombres d'essences diverses, fut créé le parc naturel d' Erzgebirge/Vogtland, un long territoire étroit qui s'étend de Bad Elster dans le Vogtland jusqu'à Holzhau dans l'Osterzgebirge.

Les minéraux découverts dans le sol de cette région frontalière entre la Saxe et la Bohême ont donné son nom à l'Erzgebirge ou Monts Métallifères. Sur une longueur de 150 km et une largeur moyenne de 40 km, l'Erzgebirge s'étend d'Auersberg à l'ouest jusqu'à Geisingberg à l'est. Le massif dépasse la frontière de la République Tchèque où il s'appelle alors « Krušné hory ».

setzte man auf den Tourismus und viele im Westen Deutschlands nahezu unbekannte Ferienregionen haben sich wieder einen Namen als begehrte Touristenziele gemacht. Ideen für neue Erwerbsquellen waren früher schon nach dem Niedergang des Bergbaus gefragt. So wurde im Erzgebirge geschnitzt und gedrechselt. Was einmal Freizeitbeschäftigung war, wurde zum Broterwerb. Nussknacker, Pyramiden, Räuchermännchen, Lichterengel und Schwibbögen aus Seiffen, Olbernhau und anderen Orten haben den Namen Erzgebirge in die Welt getragen.

## Wechselnde Landschaftsbilder

Das Erzgebirge hat zu allen Jahreszeiten seinen Reiz. Im Winter, wenn die Fichten sich unter der zentnerschweren weißen Schneelast biegen; im Frühling, wenn Krokusse und Rhododendren blühen; im Sommer, wenn es in den dunkelgrünen Wäldern nach Harz und Moos riecht; und im Herbst, wenn Pilze reichlich sprießen, rote Vogelbeeren an den Straßenrändern leuchten und Nebel in den Tälern wallen. Die schönste Zeit ist aber unbestritten die um Weihnachten. Bereits vor dem ersten Advent werden Engel, Schwibbögen und Bergmänner ausgestellt, ganze Räuchermännchen-Kompanien halten in den Stuben Einzug. Tausende von Kerzen leuchten aus den Fenstern in die Dunkelheit, in den Vorgärten stehen mit Kerzen bestückte Weihnachtsbäume und auf Plätzen drehen sich meterhohe beleuchtete Pyramiden.

Weihnachten, Natur und Kunst allein genügen längst nicht mehr, um Touristen anzuziehen. Auch ist man gegenwärtig dabei, sich vom Image einer reinen Wander- und Wintersportgegend zu befreien. Ein umfassendes touristisches Angebot für Familien und für alle, die sich sportlich betätigen wollen, wurde geschaffen, womit das Erzgebirge zu einer beliebten Region in der deutschen Ferienlandschaft wurde.

## The Home of the Nutcracker

After the German Reunification in the early 1990's many small enterprises went out of business, which led people to turn to tourism. Many of the vacation regions previously unknown to travellers from western Germany have now earned a reputation as a coveted tourist destination amongst a new clientele. Ideas for new sources of income were already being sought after the decline of the mining industry. Thus it came about that in the Erz Mountains one began to carve and turn wood. What was once simply a pastime became a means of earning a living. Nutcrackers, pyramids, incense burners, lighted angels, and arched wooden candleholders from Seiffen, Olbernhau and other villages have made the Erz Mountains known to the wider world.

## Ever-changing natural scenery

The Erz Mountains have a certain charm throughout all the seasons: in winter, when the fir trees labour under heavy, white, snow-laden boughs; in spring, when the crocuses and the rhododendrons bloom; in summer, when the dark, green woods exude a heavy scent of resin and moss; and in autumn, when mushrooms sprout, red rowan berries brighten the roadside and fog lies thick in the valleys. Without a doubt, though, the most beautiful time is at Christmas. Even before the beginning of Advent, angels, arched wooden candleholders and mountain men are set out, and whole armies of incense-burning soldiers march into snug parlours. Thousands of candles light up windows in the darkness, and Christmas trees bedecked with candles adorn the front gardens of houses. In many squares, huge lit pyramids, towering several metres high, turn majestically in the night.

However, Christmas, nature and art are not enough to attract tourists. Here efforts are also being made

## La patrie du casse-noix

Après la réunion de l'Allemagne, de nombreuses branches de l'industrie disparurent au début des années 1990 en Allemagne de l'Est. Plusieurs régions touchées misèrent sur le tourisme car elles n'étaient pratiquement pas connues des Allemands de l'Ouest. L'Erzgebirge avait déjà subi le déclin de son exploitation minière et dut développer d'autres sources de revenus. Ses habitants ciselaient et sculptaient le bois depuis toujours. Un loisir qui se transforma en une véritable activité professionnelle. Les bonshommes casse-noix, les carrousels de Noël, les anges et autres objets décoratifs en bois fabriqués à Seiffen, Olbernhau, et dans de nombreux villages, ont fait connaître l'Erzgebirge dans le monde entier.

## Paysages des quatre saisons

L'Erzgebirge a ses attraits pendant les quatre saisons de l'année. En hiver, quand les sapins ploient sous la neige, au printemps à l'époque de la floraison des crocus et des rhododendrons, en été, lorsque les forêts touffues embaument la résine et la mousse, et à l'automne, la saison des champignons sauvages ramassés dans les bois et des baies du sorbier qui rougissent les haies. Mais la plus belle époque est sans aucun doute celle de Noël. Dès le premier dimanche de l'avent, les localités parents les rues de décorations lumineuses; des carrousels de Noël illuminés tournent sur les places et les squares; aux fenêtres des habitations, des milliers de bougies éclairent l'obscurité du dehors et devant les maisons, resplendissent des sapins garnis de guirlandes lumineuses. Toute fois, Noël, la nature et le passé historique ne suffisaient plus à attirer les touristes, non plus cette image de région uniquement de randonnées et de sports d'hiver. L'Erzgebirge a alors développé diverses formules touristiques pour toute l'année, destinées à des vacances familiales ou week-ends de détente, englobant toutes sortes de loisirs, dont la

## Wanderungen durch das Erzgebirge

Drei Eingangstore hat das Erzgebirge: Chemnitz, Freiberg und Zwickau, drei Städte mit reicher Geschichte und großen wirtschaftlichen Traditionen. Alle bieten prachtvolle Bauten und eine Fülle von kulturhistorischen Kostbarkeiten. In Chemnitz war es vor allem der Maschinenbau, der zu Wohlstand führte. Was im Freiberger und Zwickauer Gebiet wirtschaftliche Blüte hervorbrachte, lassen die Geröllhalden des Bergbaus erkennen. Nach manchem Auf und Ab war damit 1977 endgültig Schluss; in jenem Jahr rollte in den Steinkohlerevieren von Zwickau, Oelsnitz und Lugau der letzte „Hunt" mit Steinkohle aus dem Förderkorb. Alle drei Städte sind in das waldreiche, hügelige Erzgebirgevorland eingebunden. Mehr als 600 km markierte Wanderwege schlängeln sich durch das Osterzgebirge, das bis auf Höhen von 900 m ansteigt. Im August 2002 hat das Jahrhunderthochwasser der Region schwerste Schäden zugefügt. Doch Hoteliers und Gastronomen haben mit bundesweiter Hilfe die Tourismusbranche rasch wieder belebt.

## Das Bernsteinzimmer

Kurz vor Kriegsende schaffte Anfang April 1945 das Deutsche Militär zwei Tage lang geheimnisvolle Kisten in einen bis heute nicht bekannten Zugang des stillgelegten Bergwerks des Dorfes Deutschneudorf. Dort soll sich das legendäre, seit 1945 spurlos verschwundene Bernsteinzimmer befunden haben, ein Geschenk des Preußenkönigs Friedrich Wilhelm I. an den russischen Zaren Peter den Großen, welches im Zweiten Weltkrieg wieder demontiert nach Deutschland zurückgeholt wurde. Fünf Kilometer südlich von Seiffen gibt es heute den Fortunastollen zu besichtigen, mit einem 800 m langen Rundgang von ca. 30 Minuten. Jeder Besucher darf nach Voranmeldung mit Schlägel und Eisen Gestein aus dem Berg hauen.

to reshape the image of the area as something more than a hiking and winter sport region. A wide range of tourist attractions is on offer for the whole family as well as for those keen to engage in athletic activities, which has resulted in the Erz Mountains becoming one of the most well-loved regions in the German holiday landscape.

## Hiking through the Erz Mountains

The Erz Mountains have three gateways: Chemnitz, Freiberg und Zwickau, three cities with a rich history and a strong economic heritage. All three offer grand buildings and an abundance of cultural and historical treats. In Chemnitz it was the machine-manufacturing industry more than anything else that led to local prosperity. The origins of the economic rebirth of the area around Freiberg and Zwickau are no secret —the mounds of scree bear witness to the success of the mining industry. After many ups and downs, the industry finally closed down in 1977. It was in that year that the mining cars carried out the last load of coal of mines of Zwickau, Oelsnitz and Lugau. All three cities are bound together deep in the rolling, forested hills leading into the Erz Mountains.

There are more than 600 km of marked hiking trails meandering through the eastern Erz Mountains, some of which reach an elevation of 900 m. In August of 2002, record-breaking floods caused heavy damage in the region. However, hoteliers and restaurateurs have rebuilt and revitalised the local tourism industry with the benefit of funds and aid from many parts of the country.

## The Amber Room

Shortly before the end of World War II, in early April 1945, for two days the German military secretly

pratique de nombreux sports. Aujourd'hui, la région a acquis sa place dans les destinations touristiques préférées des Allemands.

## Randonnées à travers l'Erzgebirge

L'Erzgebirge a trois portes principales: Chemnitz, Freiberg et Zwickau situées dans des paysages de collines boisées; trois villes au passé aussi riche que leur développement économique, ce dont témoignent de superbes édifices et monuments historiques. Chemnitz doit surtout sa prospérité à la construction mécanique tandis que les anciens terrils révèlent que l'exploitation minière apporta l'essor économique aux régions de Freiberg et Zwickau. Après plusieurs années d'insécurité, les chariots chargés de houille remontaient pour la dernière fois à la surface en 1977. Cette année-là, toutes les houillères autour de Zwickau, Oelsnitz et Lugau furent définitivement fermées. Plus de 600 km de chemins de randonnées balisés sinuent à travers l'Erzgebirge de l'Est qui s'élève jusqu'à des hauteurs de 900 mètres. En août 2002, de terribles crues ont fortement endommagé cette région. Cependant, les hôteliers et les restaurateurs ont rapidement ravivé la branche du tourisme grâce au soutien de l'État.

## La Chambre d'Ambre

Au début du mois d'avril 1945, des soldats allemands transportèrent deux jours durant de mystérieuses caisses dans une galerie, non identifiée jusqu'à aujourd'hui, de la mine désaffectée du village de Deutschneudorf. Ces caisses auraient contenu la Chambre d'Ambre, disparue sans laisser de trace depuis 1945, qui avait été démontée et rapportée en Allemagne durant la Seconde Guerre Mondiale. L'ouvrage précieux avait été un cadeau offert par le roi prussien Frédéric-Guillaume Ier au tsar Pierre le Grand. À cinq kilomètres au sud de Seiffen,

## Schnitzen, Klöppeln, Backen und Destillieren

Für die meisten steht von Anfang an fest, welches Souvenir sie aus dem Erzgebirge mitnehmen wollen: eine Figur für die Weihnachtszeit. Doch wer in Seiffen und in anderen Orten sich in Werkstätten oder Geschäften umschaut, sieht sich einer überwältigenden Auswahl an handgefertigten Lichterengeln, Schwibbögen, Nussknackern und Räuchermännchen gegenüber. Und da ein erzgebirgisches Räuchermännchen mit heimischen Räucherkerzen am besten pafft, sollten Sie ein Päckchen „Original Crottendorfer" nicht vergessen.

Ein schönes Mitbringsel sind auch in Handarbeit hergestellte Klöppeldecken. Ihren Wert kann nur ermessen, der im folgenden weiß: 600 Stunden sitzt eine versierte Klöpplerin am Klöppelsack, bis sie eine Decke für einen Wohnzimmertisch fertig hat. Das erzgebirgische Annaberg war um 1870 einer der ersten Posamentenhandelsplätze der Welt und Posamenten (Borten, Schnüre und Quasten) sind auch heutzutage das unentbehrliche Beiwerk modischer Kleidung; es gibt sie in großer Auswahl.

Ab Herbst wird der „Original Erzgebirgische Butterstollen" angeboten, das lokale Weihnachtsgebäck. Er ist so verpackt, dass er bis zur Adventszeit nichts von seiner Qualität einbüßt. Den „Bauernhasen" dagegen gibt es zu jeder Jahreszeit, aber nur im Café Hartmann in Freiberg. Auf dem Beizettel steht die Hasengeschichte: Ein Koch namens Bauer soll im 13. Jahrhundert dem Markgrafen und dem Kaplan von St. Martin einen Hasen zum Essen vorgesetzt haben – zur Fastenzeit eine Sünde. Der Kaplan zürnte jedoch zu früh, denn der Hase war aus Hefeteig, dem heutzutage Mandeln, Rosinen und Gewürze beigegeben werden. Um welche Gewürze es sich handelt, bleibt das Geheimnis der Konditoren.

---

transported mysterious crates into an entrance, unknown to this day, of the closed mine near the village of Deutschneudorf. The legendary Amber Room, which disappeared without a trace in 1945, was supposedly located here. It was a gift from the Prussian King Friedrich Wilhelm I to the Russian czar Peter the Great. It was disassembled during WWII and brought back to Germany. Five kilometres south of Seiffen lies the Fortuna mine which is now open to tourists; its 800m circular tour takes about 30 minutes. After signing in, every visitor is allowed to take an iron pick and to quarry some of the ore from the mountainside.

## Wood carving, lacemaking, baking and distilling

Most visitors know from the outset what they wish to take home with them as a souvenir from the Erz Mountains: some kind of a carved figure for the Christmas season.But if you take the time to look around the different workshops and shops in Seiffen and other villages you will discover an overwhelming selection of hand-made lighted angels, arched wooden candleholders, nutcrackers and incense burners. And since an original Erz Mountain Incense Man smells best when puffing homemade incense sticks, you should not forget to pick up a pack of "Original Crottendorfer" incense sticks.

Another lovely souvenir would be an original handmade lace tablecloth. Its value can only be understood and appreciated when you realize that it takes an experienced lace maker over 600 hours to complete a tablecloth large enough for a living or dining room table. Around 1870, the Erz Mountain town of Annaberg was one of the foremost craft centres for the making of ornamental trimmings or passementerie (braiding, laces and tassels) and to this day these remain an indispensable embellishment to modern clothing; there is an endless array and choice.

---

la Fortuna mine est ouverte au public. Le circuit de 800 mètres dure environ une demi-heure. S'ils le désirent, les visiteurs reçoivent des outils et peuvent détacher des pierres des parois de la galerie.

## Figures en bois, dentelles, pâtisseries et liqueurs

La plupart des visiteurs savent déjà ce qu'ils vont rapporter comme souvenir de l'Erzgebirge: un objet de Noël en bois. Mais quand on parcourt les magasins et ateliers de Seiffen et des localités environnantes, on se retrouve devant un choix époustouflant de figures travaillées à la main: bonshommes casse-noix, anges de lumière, bonshommes brûle-encens, carrousels colorés. Un bonhomme brûle-encens répandra des senteurs sublimes si on lui achète un paquet de bâtonnets « Original Crottendorfer », également produit dans l'Erzgebirge.

Les ouvrages de dentelles faits main constituent également un beau souvenir. On ne peut qu'apprécier leur valeur en sachant qu'une dentellière expérimentée manie les fuseaux pendant 600 heures jusqu'à ce qu'elle ait terminé une belle nappe de table. Dans les années 1870, Annaberg était un des premiers centres de passementerie dans le monde. Aujourd'hui encore, galons, franges, rubans, cordons et tresses restent des ornements vestimentaires indispensables. Les visiteurs en trouveront un vaste choix.

Dès l'automne, on peut acheter le gâteau traditionnel de Noël de l'Erzgebirge: le « Original Erzgebirgischer Butterstollen ». Grâce à son emballage spécial, il ne perd rien de sa qualité jusqu'à l'époque des avents. Par contre, le « lièvre de Bauer » est en vente toute l'année, mais seulement au Café Hartmann à Freiberg. L'histoire du lièvre est racontée sur une feuille jointe au gâteau: au XIIIe siècle, un cuisinier du nom de Bauer apporta un lièvre à la table

Als Mitbringsel beliebt sind auch Kräuterliköre von Herstellern aus dem Erzgebirge, die die Vielfalt der Region an Kräutern und Wildfrüchten nutzen, um nach alten Familienrezepturen die verschiedensten Sorten zu destillieren.

## Mit den Kleinbahnzügen ins Grüne

Eisenbahnfans kommen von weit her angereist, um im Erzgebirge in historische Schmalspurzüge zu steigen, die von fauchenden Dampfrössern gezogen werden. Zwei Schmalspurstrecken konnten bis in unsere Tage erhalten werden: die Erzgebirgsbahn und die Weißeritzbahn. Die Kleinbahnzüge sind für viele längst kein Mittel zum Reisen mehr, sondern das Ziel von Reisen ins Grüne. Sie versetzen den Touristen unserer Tage zurück in die Zeit seiner Großeltern. Besser kann man das Erzgebirge kaum erkunden und kennenlernen!

## Berühmte Männer aus dem Erzgebirge

ADAM RIES (1492–1559): In der Redewendung „das macht nach Adam Riese..." ist uns der berühmteste deutsche Rechenmeister noch heute geläufig. Über dreißig Jahre seines Lebens verbrachte er in Annaberg, wo das Adam-Ries-Museum ausführlich über ihn informiert. Der „Churfürstlich Sächsische Hofarithmeticus" hatte im 16. Jahrhundert die Rechenkunst so aufbereitet und vereinfacht, dass sie auch von dem „gemeynen man" verstanden und angewendet werden konnte. Die Rechenbücher von Ries waren in deutscher Sprache und nicht in dem damals weithin verbreiteten, aber für viele unverständlichen Latein verfasst.

ROBERT SCHUMANN (1810–1856): Der Komponist romantischer Musik, dessen Geburtshaus in Zwickau originalgetreu wieder aufgebaut wurde,

The "Original Erz Mountain Stollen", a local Yuletide speciality, can be found in bakeries from early autumn. These are packed so that they lose none of their freshness in the run-up to and throughout the Advent season. The Farmer's Hare however, is available the whole year round, but only in Café Hartmann in Freiberg. Their information leaflet tells the story of the Farmer's Hare: During the 13th century a cook supposedly presented the earl and the chaplain of St Martin's with a hare to eat — which was a sin during Lent. The chaplain's anger was premature, however, as the hare was merely made of yeast dough; nowadays almonds, raisins and spices are added. The exact combination of spices used remains the bakery's secret. Also popular as small souvenirs are the herbal liqueurs from the Erz Mountain distilleries which use the diverse herbs and wild fruits of the region to brew various varieties using old, traditional family recipes.

## To the green hills by historic railway

Trainspotters and railway enthusiasts from all around the world come here to clamber into the historical Erz Mountain narrow-gauge trains which are pulled by puffing steam engines. Two narrow-gauge tracks have been preserved and maintained to this day, the Erz Mountain Line and the White Ritz Line. These small trains are no longer the main mode of transportation for most people, but rather a means of travelling deep into the dark, green forests. They transport visitors back to the days of their grandparents. There is really no better way to get to know and discover the Erz Mountains!

## Famous Men from the Erz Mountains

ADAM RIES (1492–1559): The expression "as per Adam Ries" is a reference to the still topical

du margrave et de son invité, l'abbé de St-Martin – un péché durant le carême. Courroucé, l'abbé se récria, mais trop tôt, car le lièvre était en pâte à brioche. Aujourd'hui, la pâte est enrichie d'amandes, de raisins secs ainsi que d'un mélange d'épices qui est un secret de fabrication. L'Erzgebirge est également connu pour ses liqueurs fabriquées avec les nombreuses herbes aromatiques et baies sauvages de la région, selon de vieilles recettes familiales.

## Les petits trains historiques

Les passionnés de l'histoire du chemin de fer viennent de loin pour monter dans les wagons anciens tirés par des locomotives à vapeur sifflantes, qui traversent bravement les superbes paysages de l'Erzgebirge. Deux parcours de voies ferrées étroites ont pu être préservés jusqu'à aujourd'hui: la « Erzgebirgsbahn » et la « Weisserritzbahn ». En raison de leur lenteur, les petits trains historiques ne sont plus guère utilisés comme moyen de transport régulier, mais on les prend pour partir en excursion à la campagne. Ils sont également une grande attraction touristique car ils transportent leurs passagers dans la nostalgie des temps passés. On ne pourrait mieux découvrir et apprendre à connaître l'Erzgebirge qu'à bord d'un de ces petits trains chargés d'histoire.

## Les hommes célèbres de l'Erzgebirge

ADAM RIES (1492-1559): le mathématicien le plus connu d'Allemagne. Il vécut plus de trente ans à Annaberg qui créa un musée en son honneur. L'Adam-Ries-Museum raconte la vie et l'oeuvre de ce génie. Arithméticien à la Cour princière de Saxe au XVIe siècle, il traita et simplifia les règles obscures du calcul pour que même le « peuple inculte » puisse les comprendre et s'en servir. Les manuels d'arithmétique de Ries étaient écrits en allemand et non en latin, langue de l'instruction, mais que seule la société éduquée possédait.

Zwickau ist nach Dresden, Leipzig und Chemnitz die viertgrößte Stadt im Freistaat Sachsen. Umgeben von viel Grün kann man die Stadt in der Zwickauer Mulde entlang des Radwanderweges „Muldental" erkunden. Dem Vermächtnis ihrer großen Söhne, des Komponisten Robert Schumann (1810–1856) und des Brücke-Künstlers Max Pechstein (1881–1955), besonders verpflichtet, finden alle zwei Jahre musikalische Wettbewerbe von internationalem Rang statt. Ebenso die Vergabe des Max-Pechstein-Förderpreises an junge Künstler.

Zwickau is the fourth largest city in the Free State of Saxony, after Dresden, Leipzig and Chemnitz. Surrounded by acres of lush greenery, the city in the area known as the Zwickauer Mulde can best be explored by following the Muldental bicycle path. Zwickau pays homage to two of her most famous sons, the composer Robert Schumann (1810–1856) and the bridge designer Max Pechstein (1881–1955), by hosting a biennial music competition of international renown, as well as awarding the Max Pechstein Promotional Prize for young artists.

Après Dresde, Leipzig et Chemnitz, Zwickau est la quatrième ville du Land de Saxe. Entourée de verdure, la ville s'étend dans le bassin de la Zwickauer Mulde. La piste cyclable dite Muldental permet agréablement de découvrir la localité. Le compositeur Robert Schumann (1810–1856) et le peintre Max Pechstein (1881–1955) sont les deux enfants célèbres de la ville qui leur rend hommage dans une compétition internationale de musique organisée tous les deux ans et la remise du prix Max Pechstein destiné à de jeunes artistes.

## FORTSETZUNG DER EINLEITUNG

komponierte im Jahr 1840 allein 150 Lieder für Klavier und Singstimme. Besonders fruchtbar war die Zeit ab 1844 in Dresden, in der rund ein Drittel seiner Kompositionen entstand, darunter auch die berühmte 2. Sinfonie in C-Dur.

GOTTFRIED SILBERMANN (1683–1753): 45 Orgeln hat Sachsens berühmtester Orgelbaumeister geschaffen 31 sind geblieben. Silbermanns älteste und größte Orgel, mit drei Manualen, 44 Registern und 2676 Pfeifen (1711–1714), erklingt bis auf den heutigen Tag im Freiberger Dom. Das Orgelbauhandwerk erlernte Silbermann bei seinem Bruder Andreas in Straßburg. Sein Geburtshaus im Frauensteiner Ortsteil Kleinbobritzsch ist an einer Gedenktafel zu erkennen, das Museum in Frauenstein trägt seinen Namen.

JENS WEISSFLOG (1964): Einer der erfolgreichsten Skispringer aller Zeiten. Jens Weissflog gewann die Internationale Vierschanzentournee viermal. Geboren wurde der mehrfache Weltmeister und Olympiasieger im erzgebirgischen Steinheidel-Erlabrunn, nicht weit von seinem heutigen Wohnort entfernt, der ihn zum Ehrenbürger ernannte. Auf dem Höhepunkt seines Erfolges zog er sich 1996 im Alter von 32 Jahren von der Teilnahme an Wettkämpfen zurück.

## END OF INTRODUCTION

significance of the work of Germany's most famous mathematician. He spent over 30 years of his life in Annaberg, where today you will find the Adam-Ries Museum which highlights his life and work.

ROBERT SCHUMANN (1810–1856): This composer of romantic music, whose place of birth in Zwickau has been faithfully reconstructed, composed over 150 songs for piano and voice in the year 1840 alone. The years in Dresden from 1844 onwards were particularly fruitful. Around one third of all of his compositions were created here, among them the famous second Symphony in C Major.

GOTTFRIED SILBERMANN (1683–1753): Saxony's most famous organ builder constructed 45 organs, of which 31 still exist. Silbermann's oldest and largest organ (built 1711–1714) boasts three manuals, 44 stops and 2676 pipes and can still be heard today in Freiberg Cathedral.

JENS WEISSFLOG (1964): Ski jumper: The most successful ski jumper of all time is one of the most famous natives of the Erz Mountains. Only one person has won the International Skijumping Championships four times: Jens Weissflog from Ober- wiesenthal. The multiple world champion and Olympic gold medalist was born in 1964 in the Erz Mountain town of Pöhla, which is not far from where he lives today and which has made him an Honorary Citizen. In 1996, at only 32 years of age and at the height of his success, Weissflog retired from active competition.

## SUITE DE I´INTRODUCTION

ROBERT SCHUMANN (1810–1856): le compositeur de musique romantique dont la maison natale a été restaurée à l'identique à Zwickau, écrivit plus de 150 lieder, poèmes chantés accompagnés au piano, durant la seule année 1840. Sa période la plus fructueuse commença à partir de 1844, alors qu'il habitait Dresde, où il composa plus d'un tiers de ses œuvres dont de célèbres concertos pour piano et pour violon.

GOTTFRIED SILBERMANN (1683–1753): le plus célèbre facteur d'orgue de Saxe fabriqua 45 instruments dont 31 existent encore. Sa pièce maîtresse et la plus ancienne (1711–1714) comprend 3 claviers, 44 registres et 2756 tuyaux. Jusqu'à aujourd'hui, elle emplit de ses sons magnifiques la cathédrale de Freiberg. Gottfried Silbermann apprit le métier auprès de son frère Andreas, facteur d'orgue à Strasbourg. Une plaque commémorative orne sa maison natale située à Kleinbobritzsch, faubourg de Frauenstein. Le musée municipal de la ville porte son nom.

JENS WEISSFLOG: une du grand champions de saut à skis de tous les temps. Jens Weissflog remporté quatre fois la tournée internationale des quatre tremplins. Plusieurs fois champion du monde et vainqueur aux Jeux Olympiques, Jens Weissflog est né en 1964 à Steinheidel-Erlabrunn dans l'Erzgebirge, non loin d'Oberwiesenthal, sa ville résidence actuelle dont il est devenu citoyen d'honneur. Le champion s'est retiré du monde de la compétition 1996, au faîte de son succès, à l'âge de 32 ans.

### ZWICKAU, Hauptmarkt und Dom

Bei einem Rundgang durch die historische Altstadt stößt man Schritt für Schritt auf sehenswerte Zeugen vergangener Jahrhunderte. Die kulturelle Vielfalt ist darüber hinaus in den zahlreichen Museen und Einrichtungen der Stadt zu erleben. Das im Jahr 2004 eingeweihte August-Horch-Museum hat sich binnen kurzer Zeit zu einem Publikumsmagneten entwickelt. Anziehungspunkte sind weiterhin Schumanns Geburtshaus, das Konzert- und Ballhaus „Neue Welt" sowie die Stadthalle und der „Alte Gasometer".

### ZWICKAU, Main Market, Cathedral

A walk through the Old City brings to life the city's historic and glorious past. The city's cultural diversity is also evident in the numerous museums, establishments and institutions located throughout the city. The August Horch Museum has been a major draw for visitors since it was dedicated in 2004. Other attractions are Robert Schumann's place of birth, the Neue Welt concert and dance hall, the Town Hall and the Old Gasometer.

### ZWICKAU, Place du marché

En se promenant dans la vieille-ville, on rencontre à chaque pas des édifices historiques des siècles passés. La cathédrale domine la place principale de Zwickau. Les nombreux musées témoignent de la diversité culturelle de la ville. Inauguré en 2004, le musée August-Horch-Museum a rapidement attiré un public nombreux. À visiter absolument: la maison natale de Schumann et l'ancien hôtel de ville. La salle de concerts et de bals « Neue Welt » (Nouveau Monde) et le « Alte Gasometer» raviront les amateurs de musique.

ZWICKAU
Hauptmarkt, Gewandhaus u. Rathaus

Wie traditionsverbunden Zwickau mit seinen Schön-
heiten umgeht, sieht man an der liebevollen und den-
noch zeitgemäßen Pflege des Konzert- und Ballhauses
"Neue Welt". Bereits 1902/1903 wurde das prunkvolle
Gebäude, aus der Blütezeit des Jungendstils, erbaut
und verlieh schon damals mit seiner bezaubern-
den Atmosphäre, jeder rauschenden Ballnacht, einen
ganz besonderen Flair. Heute, mit modernen Raffi-
nessen der Technik ausgestattet, ist es eine der ange-
sagtesten Locations in ganz Sachsen, wofür sie schon
ausgezeichnet wurde.

Zwickau is bound to its beauties by tradition, as can
be seen by the sensitive yet up-to-date way in which
the New World concert hall and ballroom has been
restored. This imposing building dates back to
1902/1903, when the Art Nouveau style was at its
zenith, and from the first, its enchanting atmosphere
lent a special flair to exhilarating ball nights held here.
Nowadays, fitted out with all modern refinements, it
is one of the most fashionable and famous locations
in the whole of Saxony.

L'attachement de Zwickau à son passé et ses beau:
monuments se remarque dans l'entretien minutieu:
du somptueux édifice « Neue Welt », qui abrite une
vaste salle de bal et de concerts. Construit er
1902/1903, durant l'apogée de l'Art nouveau, l'édifice
possède toujours cette atmosphère envoûtante qu
conférait leur éclat aux grands bals d'antan. Aujourd'hui, équipé de tous les dispositifs modernes, il
est un des endroits de divertissements les plus magnifiques et les plus prisés de la région de la Saxe.

## BURG STEIN bei Hartenstein

Der Blick, den die Burg Stein frei gibt, ist malerisch. Gelegen zwischen Langenbach und Hartenstein thront sie hoch oben auf einer Felsenklippe über der Zwickauer Mulde. Die als Einheit erscheinende Anlage besteht eigentlich aus zwei Burgen aus unterschiedlichen Jahrhunderten. In der aus dem 13. Jh. stammenden Oberburg, die bis zur dritten Etage förmlich im Fels zu versinken scheint, ist heute das städtische Museum untergebracht. Hier erzählen Exponate aus jener Zeit die Geschichte der Burg und der Grafschaft Hartenstein.

## BURG STEIN near Hartenstein

Burg Stein presents a very picturesque scene. Nestled between Langenbach and Hartenstein, the castle crowns the rocky promontory over the Zwickauer Mulde. The building is actually an amalgamation of two castles built in completely different centuries. The 13th century Upper Castle, whose upper stories seem to merge into the side of the cliff, today houses the city museum. The exhibits, some of which date from the 13th century, tell the story of the history of the castle and the Earldom of Hartenstein.

## BURG STEIN près de Hartenstein

On découvre un panorama superbe depuis le château Burg Stein situé entre Langenbach et Hartenstein. Il couronne un piton rocheux qui domine le bassin de la Zwickauer Mulde. L'ensemble formant un tout homogène est en fait composé de deux châteaux construits à des siècles différents. Datant du XIIIe siècle, le château supérieur semble s'enfoncer dans la roche. Il abrite aujourd'hui le musée municipal qui comprend d'intéressantes collections. Elles racontent l'histoire de Burg Stein et du comté de Hartenstein.

Prägte doch der für das Erzgebirge bekannte Bergbau die Landschaft in und um Schlema dominant, so hat Bad Schlema inzwischen allerdings auch noch ganz andere Anziehungspunkte zu bieten. Im Zuge umfangreicher Sanierungs- und Renaturierungsarbeiten erlangte Schlema im Jahre 1998 den Status des Kurortes und knüpfte an die Epoche des einstig weltbekannten Radiumbades Schlema des frühen 20. Jahrhunderts an. Heute kommen wieder Menschen aus aller Welt nach Schlema, um Heilung zu suchen.

Although the famous Erz Mountain mining industry defined the countryside in and around Schlema, the town is of interest and renowned for other reasons. In 1998, following extensive reconstruction and regeneration, Schlema achieved the status of "Kurort", or spa, harkening back to the early 20th century when its thermal baths were world-famous. Today people come from all over the world to find relief for their aches and pains.

Si l'exploitation minière de l'Erzgebirge a défini le paysage autour de Schlema et la physionomie de la ville, cette dernière a acquis sa réputation avec un autre point d'attraction. Après de vastes travaux de réhabilitation au niveau de la nature et de l'urbanisme, Schlema a reçu le statut de ville de cure en 1998, renouant ainsi avec l'époque, au début du XXe siècle, où les bains de radium de Schlema était connus dans le monde entier. Aujourd'hui, des gens du monde entier reviennent à Schlema pour se faire soigner.

Am Zusammenfluss von Mulde und Schwarzwasser liegt in einem tiefen Talkessel die Stadt Aue. Durch sie hindurch führt die rund 140 Kilometer lange Silberstraße. In der Klösterlein-Kirche in Aue-Zelle (1173), welche als Augustiner-Chorherren-Probstei im 12. Jahrhundert errichtet wurde, finden heute regelmäßig Konzerte statt, der Erlös kommt der Erhaltung des Klosters zu Gute. Das ehemalige Huthaus der Stadt, Ruhe- und Rasthaus der Bergleute, beherbergt heute das Stadtmuseum.

The city of Aue lies in a deep valley basin where the Mulde and the Schwarzwasser flow together. The 140 km long "Silver Street" runs through the city. Concerts are held regularly in the small monastery church in Aue-Zelle (1173), built by Augustiner monks in the 12th century. The proceeds of the concerts are put towards the preservation of the monastery. The former Hat House, once a recreational facility for miners, now houses the City Museum.

Aue s'étend dans une vallée encaissée à l'embouchure des rivières Mulde et Schwarzwasser. La localité est traversée par la Route de l'Argent longue de quelque 140 kilomètres. À voir: la crèche de l'église St-Nicolai (1173). À Aue-Zelle, des concerts ont lieu dans l'église du cloître érigé par des moines au XIIe siècle. L'ancien « Huthaus » autrefois lieu de détente des mineurs, abrite aujourd'hui le musée municipal.

Bekannt geworden ist Schneeberg durch den Silberbergbau im ausgehenden 15. Jahrhundert. 500 Jahre Bergbau haben die Geschichte und Entwicklung der Stadt geprägt. Die alles überragende St. Wolfsgangskirche und die prächtigen Bürgerhäuser haben Schneeberg den Titel „Barockstadt des Erzgebirges" verliehen. Die Häuser stammen aus dem 18. Jahrhundert und der Großteil der Fassaden ist original erhalten. Sie werden kontinuierlich restauriert. Wanderfreunde können hier nach Spuren von Silber und Kobalt die Stadt und ihre Umgebung erkunden.

Schneeberg became known as a silver mining town at the end of the 15th century, initiating a 500-year mining tradition that long determined the town's historical development. Schneeberg is situated on the so-called "Silver Road", a reminder of the silver mining of former times. Schneeberg is often named the "Baroque town of the Erzgebirge", after its magnificent houses and the church of St Wolfgang that towers above the rooftops. Hikers can discover more of Schneeberg by exploring the tracks leading to the silver and cobalt mines.

Vers la fin du XVᵉ siècle, Schneeberg s'est fait un nom grâce à sa mine d'argent. 500 ans d'exploitation minière ont influencé l'histoire et le développement de la ville. La ville de Schneeberg est Situé sur la « Route d'Argent » et appelé « Ville baroque des Monts Métallifèrés ». Les randonneurs peuvent découvrir Schneeberg et ses environs en partant sur les anciennes traces des mines d'argent. Les randonneurs peuvent découvrir Schneeberg et ses environs en partant sur les anciennes traces des mines d'argent et de cobalt.

## SCHNEEBERG, St. Wolfgang

In Schneeberg steht die mächtige St. Wolfgangs-Kirche, größte der obersächsischen Hallenkirchen, auch „Bergmannsdom" genannt. Die im frühen Reformationsstil erbaute Kirche beherbergt als Besonderheit den im Krieg geretteten Altar des Lucas Cranach d. Ä. von 1539.

In Schneeberg you will find the remarkabel St Wolfgang's Church, the largest of the Upper Saxony great hall churches, also known as the "Miners Cathedral". The church, built in early Reformation style, houses a very special treasure – an altar of 1539 by Lucas Cranach the Elder, which managed to survive the war.

Fondée au XVᵉ siècle comme ville minière, Schneeberg abrite la plus grande église de type halle du nord de la Saxe. St.Wolfgang est aussi appelée « la cathédrale des mineurs ». Construite dans le style gothique flamboyant, l'église abrite un trésor sauvé de la guerre : un autel réalisé par Lucas Cranach l'Ancien en 1539.

## EIBENSTOCK Talsperre und Ort ▷

Die größte Talsperre in Sachsen ist die Talsperre Eibenstock. Sie befindet sich unweit der Berg- und Stickereistadt Eibenstock und dient seit ihrer Inbetriebnahme im Jahr 1982 der Trinkwasserversorgung.

The reservoir at Eibenstock is the largest reservoir in Saxony. It surrounds the city, famed for mining and embroidery, and has been the source of clean drinking water for the city since its construction in 1982.

Eibenstock est le plus grand barrage de Saxe. Il se dresse près de la ville minière du même nom, également réputée pour ses tapisseries. Le barrage alimente le territoire en eau potable depuis son inauguration en 1982.

Wer Ruhe und Abgeschiedenheit liebt, ist in Carlsfeld richtig. Hier herrschen meist von November bis Ende März ideale Bedingungen für eine Skilanglauftour entlang der Kammloipe. Berühmt ist der Ort für seine barocke Trinitatiskirche aus dem 17. Jahrhundert, die älteste Rundkirche Sachsens. – Am Fuße des Auersberges liegt der Erholungsort Sosa. Seine Entstehung verdankt er dem geschürften Zinn- und Eisenerz. Noch heute halten die Vereinsmitglieder der 1705 gegründeten Bergbrüderschaft Sosa die Tradition der Bergleute lebendig.

Carlsfeld is the place for anyone searching for peace and seclusion. Conditions are ideal from November through to late March for cross-country skiing along the Kammloipe. The city is famous for its 17th century baroque St Trinitatis Church, the oldest round church in Saxony. – At the foot of the Auers Mountain lies the spa town of Sosa, which owes its existence to the excavation of tin and iron ore. The members of the miners' association of Sosa, founded in 1705, keep mining traditions alive to this day.

Carlsfeld est une véritable oasis de paix et de détente. De novembre à fin mars, on y trouve des conditions idéales pour pratiquer le ski de fond le long de la Kammloipe. La localité est réputée pour l'église Sainte-Trinité, un superbe édifice baroque bâti au XVIIe siècle. – Aujourd'hui lieu de villégiature, Sosa s'étend au pied de l'Auersberg. La localité est née de l'exploitation du minerai de fer et de l'étain. Les traditions des gens de la mine y sont toujours vivantes grâce aux membres de la Confrérie des mineurs fondée en 1705.

Schwarzenberg entstand im ausgehenden 13. Jahrhundert auf einem Felsmassiv. Auf diesem thront heute noch weithin sichtbar das Schloss mit der dazugehörigen St. Georgenkirche, die Wahrzeichen der Stadt. An diese schließen sich die engen Gassen der Altstadt an. Rund 15.000 Besucher fasst die Open-Air-Waldbühne Schwarzenberg bei hochkarätigen Musikveranstaltungen unterschiedlichster Genres. Das angrenzende Natur-Theater wird in den Sommermonaten vom Annaberger Eduard-von-Winterstein-Theater bespielt.

Schwarzenberg was founded in the latter part of the 13th century at the top of a massive rocky cliff. The castle, which can be seen from miles around, and St George's Church, the symbol of the city, both sit atop this rocky throne. The narrow lanes of the Old City radiate out from this point. The open-air Schwarzenberg theatre in the Woods, which stages high-calibre musical events of all genres, can seat approximately 15,000 people. The adjoining open-air theatre is used in the summer months by the Eduard von Winterstein Theatre Company from Annaberg.

Schwarzenberg fut fondée sur un massif rocheux à la fin du XIIIe siècle. Jusqu'à aujourd'hui, le château visible de loin et l'église St-Georges trônent en haut du massif. Les rues étroites de la vieille-ville rejoignent toutes ces deux magnifiques symboles de la localité. Le théâtre de plein air de Schwarzenberg, dit « Wald-Theater », peut accueillir 15 000 spectateurs lors de concerts et autres manifestations culturelles de tous genres. En été, la compagnie « Annaberger Eduard-von-Winterstein-Theater » joue au « Natur-Theater » avoisinant.

Mehrmals täglich schnauft die Fichtelbergbahn zur höchstgelegenen Stadt Deutschlands. Seit 1897 bewältigt die Schmalspurbahn, in etwa einer Stunde, die 17,4 Kilometer lange Strecke von Cranzahl hinauf nach Oberwiesenthal. Dabei dampft sie durch einen Teil des größten zusammenhängenden Waldgebietes Deutschlands, des Naturparks Erzgebirge/Vogtland. Der Bahnhof des Kurortes liegt am Fuße des Fichtelbergs, dem höchsten Berg Sachsens. Die Geschichte von Oberwiesenthal ist auch hier eng mit dem Silberbergbau verbunden.

Several times a day, the Fichtelberg train puffs its way up to the city with the highest elevation in all of Germany. Since 1897 takes the narrow gauge railway approximately one hour to cover the 17.4 km stretch from Cranzahl up to Oberwiesenthal.  On its way it passes through part of the Erzgebirge/Vogtland national park, the largest unbroken line of forest in Germany. The railway station in this spa town lies at the foot of the Fichtelberg, the highest mountain in Saxony. The history of Oberwiesenthal is closely associated with the silver mining industry.

Plusieurs fois par jour, le petit train historique appelé « Fichtelbergbahn » monte poussivement jusqu'à la localité la plus haute d'Allemagne. Depuis plus de cent ans, la locomotive à vapeur met une heure pour parcourir les 17,4 kilomètres entre Cranzahl et Oberwiesenthal, ancienne ville minière. Mais le train offre un superbe trajet à travers la forêt immense du parc national d'Erzgebirge-Vogtland, avant d'atteindre la gare d'Oberwiesenthal nichée au pied du Fichtelberg, le plus haut sommet de la Saxe.

Anfang des 15. Jahrhunderts sind die ersten Siedler in dem klimatisch rauen Gebiet um den Fichtelberg sesshaft geworden. Der Rückgang des Bergbaus traf Oberwiesenthal, wegen seiner geografische Lage sehr hart. Im ausgehenden 19. Jahrhundert entwickelte sich Oberwiesenthal schließlich zu einem Kur- und Winterparadies. Heute bietet höchstgelegene Wintersportort im Erzgebirge seinen Gästen eine breite Palette an Unterkünften und Lokalitäten aller Komfort- und Preisklassen.

The first hardy settlers to brave the harsh climate of this region arrived and made their homes in and around Fichtelberg at the beginning of the 15th century. After the demise of the mining industry, Oberwiesenthal was especially hard hit due to its location. However, it carved out a new niche for itself as a spa and winter sports venue towards the end of the 19th century. Today the town offers visitors a wide variety of hotels, inns and bars of every standard and in every price range.

Au XVe siècle, les premiers mineurs vinrent s'installer dans la région au climat rude du Fichtelberg. Après le déclin de l'exploitation des mines d'argent, Oberwiesenthal eut peine à survivre en raison de sa situation géographique. À la fin du XIXe siècle, la localité connut toutefois une nouvelle renaissance comme station climatique et de sports d'hiver. Aujourd'hui, les touristes y trouveront, été comme hiver, un large éventail de prestations hôtelières, à tous les prix et dans toutes les classes de confort.

Das Feriengebiet am Fichtelberg besitzt acht Liftanlagen und die älteste Seilschwebebahn Deutschlands. Sie bringt seit 1924 die Gäste Sommer wie Winter auf den 1214 Meter hohen Fichtelberg und überwindet dabei einen Höhenunterschied von 303 Metern. Ein gut ausgebautes Wandernetz bietet sowohl auf deutscher als auch auf tschechischer Seite vielfältige Möglichkeiten, die Bergwelt des Erzgebirges zu erkunden. Das nach historischem Vorbild rekonstruierte Fichtelberghaus ist mit seiner schönen Aussicht ein idealer Anlaufpunkt für eine Rast.

The holiday region of Fichtelberg has 8 ski lifts as well as the oldest cable car in Germany. It has been carrying visitors the 303-metre distance to the top of the 1,214-metre high Fichtelberg year-round since 1924. An extensive network of hiking trails offers visitors the chance to discover the fascinating world of the Erz Mountains on both the German and Czech sides. The historic Fichtelberg Hut, rebuilt and restored to its original glory, is the ideal place to stop for a rest on the trail.

Les amateurs de sports d'hiver trouveront huit téléskis sur les pentes du Fichtelberg. Le site possède en outre le plus ancien funiculaire d'Allemagne. Depuis 1924, il emmène les vacanciers au sommet du Fichtelberg haut de 1214 mètres, ce qui signifie un dénivellement de 303 mètres. Un bon réseau de chemins de randonnées balisés permet d'explorer le monde montagneux de l'Erzgebirge, aussi bien du côté allemand que Tchèque. Le chalet dit Fichtelberghaus offre une halte bienvenue aux skieurs ou aux randonneurs.

Eine Fahrt mit der historischen Postkutsche wirkt entspannend. Heute verkehrt das Gefährt nicht mehr wie Jahrhunderte zuvor als Postbeförderungsmittel – liebevoll restauriert gilt sie als touristisches Highlight. Auf dem Marktplatz steht eine kursächsische Postmeilensäule, wie sie zur Zeit Augusts des Starken (ab 1722) an den wichtigsten Straßen aufgestellt wurde. Sie waren die Vorreiter der heutigen Straßenschilder. Während der Schneesaison und an Skifasching werden Hundeschlittenrennen und Pferdeschlittenfahrten geboten.

Take an exhilarating ride on the historic mailcoach. Nowadays this lovingly restored vehicle serves as a tourist attraction rather than a means of delivering the post. In the market square you can see an old Saxon postal mile marker dating from the time of August the Strong (ca. 1722). The markers were placed on the most important roads and were the forerunners of modern-day road signs. Dogsled races and horse-drawn sleigh rides are also on offer in winter during peak season and the ski carnival.

Restaurée avec amour, l'ancienne diligence des postes emmène aujourd'hui les touristes en des randonnées nostalgiques. Sur la place du marché, se dresse une des bornes datant des débuts de la poste dans l'électorat de Saxe (vers 1722) et que l'on trouvait sur toutes les routes principales. Elles sont les ancêtres de nos panneaux indicateurs. Durant la saison d'hiver et à l'époque du carnaval, on peut assister à des courses de traîneaux tirés par des chiens ou partir en promenade dans des traîneaux attelés de chevaux.

Im Tal der windungsreichen Pressnitz türmt sich das Gebirge zu bizarren Formationen auf. An ihrem Verlauf dampft zwischen Jöhstadt und Steinbach eine Museumsbahn, die „Pressnitztalbahn", mit einer Schienen-Spurweite von 75 cm. — An vielen Stellen präsentiert sich das Erzgebirge als offenes Buch der Erdgeschichte. Markante Punkte sind unter anderem die orgelpfeifen-artigen Basaltsäulen am Scheibenberg und die ausgeprägten Basaltfächer am Hirtstein. Beides sind beliebte Ausflugsziele für Wanderer, die auch gerne in den urigen Gasthäusern rasten.

The Pressnitz winds its way from the valley floor towards some unusual rock formations up the mountainside. The historic narrow gauge railway, the "Pressnitzbahn", puffs its way up the incline between Jöhstadt and Steinbach on tracks which are a mere 75 cm wide. — The natural history of the Erz Mountains is evident in many places, e.g. in the basalt columns resembling organ pipes near Scheibenberg and in the distinctive pockets of basalt near Hirtstein. Both are much-loved destinations for hikers, as are the many relaxing guest houses.

Des roches aux formes bizarres se dressent dans la vallée sinueuse de la Pressnitz qu'un petit train historique traverse sur une voie ferrée de 75 cm, entre les localités de Jöhstadt et Steinbach. — La région de l'Erzgebirge est un véritable livre de géologie ainsi qu'en témoignent, entre autres, les colonnes de basalte ressemblant à des orgues du Schiebenberg et les strates balsatiques flabelliformes du Hirstein. Ces deux endroits sont des buts d'excursions très prisés des randonneurs, qui apprécient également les auberges rustiques en chemin.

Annaberg-Buchholz nennt sich auch die Adam-Ries-Stadt nach dem großen Rechenmeister, Cossisten und Bergbeamten, Adam Ries (1492–1559). In seinem ehemaligen Wohnhaus befindet sich heute ein Museum zu seinem Leben und Werk. Die Tradition der Bergleute lebt auch nach mehr als 500 Jahren in Bergparaden und Umzügen fort. Zahlreiche Berg-, Knapp- und Brüderschaften pflegen die Geschichte. Höhepunkt ihrer Vereinsarbeit sind in jedem Jahr die vorweihnachtlichen Umzüge in den Bergstädten entlang der Silberstraße.

Annaberg-Buchholz is also frequently known as Adam Ries town, after the great arithmetician, algebraist and mining official Adam Ries (1492–1559). His former living quarters now house a museum devoted to his life and work. Numerous mining and mountaineering clubs and fraternities keep the 500-year old traditions of the mining community alive with historic parades and processions. The highlight of their club activities are the annual parades before Christmas through the mountain towns along the "Silver Street".

Annaberg-Buchholz est aussi la ville d'Adam Ries, grand mathématicien et fonctionnaire des mines (1492–1559). La maison où il vécut abrite aujourd'hui un musée où l'on apprendra tout sur sa vie et son oœuvre. De nombreuses associations et confréries gardent vivantes les quelque cinq siècles de traditions et d'histoire des mineurs. Les nombreux défilés organisés avant Noël dans les communes qui bordent la Route de l'Argent sont le point d'orgue de toutes les manifestations et fêtes des mineurs.

ADAM RIES

1492 – 1559

# ANNABERG-BUCHHOLZ

1496 gegründet, zählte Annaberg in der zweiten Hälfte des 16. Jahrhunderts zu den reichsten Städten Deutschlands. Diese Vergangenheit hat in der restaurierten Altstadt ehrwürdige Zeugnisse hinterlassen, die es sich lohnt, bei einem Stadtrundgang zu besichtigen. Die Bergkirche St. Marien (1502–1511) am Marktplatz wurde vorwiegend aus den „Wochenpfennigen" der Bergknappschaft erschaffen und diente der Andacht der Bergleute. Viele Schätze wurden über die Jahrhunderte in Annaberg geborgen und noch heute kann man hier auf Schatzsuche gehen.

## Annaberg-Buchholz, market square

Founded in 1496, Annaberg was one of the richest towns in Germany in the second half of the 16th century. You will find many reminders of its rich past as you tour the beautifully restored Old Town. The hill church of St. Marien (1502–1511) in the market place served the miners and was largely paid for by the "weekly penny", a tax levied by the miners' guild. Many valuables were concealed in Annaberg over the centuries and even today people can go treasure-hunting here.

## Annaberg-Buchholz place du marché

Témoigne de la prospérité de la ville fondée en 1496, une des cités les plus riches d'Allemagne dans la seconde moitié du XVIe siècle. La vieille-ville, superbement restaurée, abrite de nombreux monuments historiques. Le marché de Noël l'illumine en décembre. L'église Sainte-Marie (1502–1511) sur la place du marché fut construite en grande partie grâce à une dîme hebdomadaire que payait la corporation des mineurs, et cette maison de Dieu était leur « église ». De nombreux trésors ont été découverts à Annaberg au cours des siècles; aujourd'hui encore, on peut aller à la chasse aux trésors.

Die Blütezeit des Bergbaus dokumentierte unter anderem der Maler Hans Hesse. Seine Darstellung der schweren Arbeit der Bergleute schmückt die Rückseite des Annaberger Bergaltars, der zu den zahlreichen Sehenswürdigkeiten im Inneren der St. Annenkirche gehört. Wer sich die Arbeit der Bergleute an historischer Stelle anschauen möchte und einen Blick unter Tage wagen will, sollte etwas Zeit mitbringen, um in eines der zahlreichen Besucher-Bergwerke der Stadt einzufahren. Eine Besonderheit bieten diese ihren Gästen zur Adventszeit mit der so genannten „Mettenschicht".

The painter Hans Hesse documented the heyday of the mining era in his work. His depiction of the hard manual labour of the miners decorates the rear of the Annaberg Mountain Altar, which is one of the many noteworthy pieces adorning the interior of the church. Anyone interested in seeing how a mine has been worked can do so by taking the time to drive to one of the many mines around the town. Special demonstrations and Christmas services are held for visitors during Advent.

L'âge d'or de l'exploitation minière a été documenté par plusieurs artistes dont l'un, le peintre Hans Hesse, est l'auteur des représentations du rude labeur des mineurs qui ornent le dos de l'autel des mineurs, un des joyaux de l'église St-Anne, située à Annaberg-Buchholz. Pour ceux qui s'intéressent au travail des mineurs d'autrefois, la ville propose des visites guidées dans une des nombreuses mines désaffectées des alentours d'Annaberg. À l'époque de Noël, les visiteurs auront l'occasion d'y assister au « service de l'avent »

## „Annaberger Kät" Volksfest

Das größte Volksfest des Erzgebirges hängt eng verbunden mit der langen Tradition der Wallfahrt nach Annaberg zusammen. 1517 gelang es dem albertinischen Herzog Georg dem Bärtigen den Gottesacker des Ortes mit heiliger Erde aus Rom bestäuben zu dürfen, damit er den Segen Roms spenden konnte. Durch die Reformation wurde die Gedächtnisfeier zur Kirchweihe und daraus entwickelte sich die „Annaberger Kät". Mit der Zeit bekam das Fest immer mehr Zulauf und wurde ab 1863 auf acht Tage erweitert. Auf dem Schützenplatz, dem Kätplatz, findet jedes Jahr das beliebte Volksfest statt.

## Annaberger Kät festival

The Erzgebirge's largest public festival is closely bound up with the ancient tradition of pilgrimages to Annaberg. In 1517 Duke George the Bearded of the Albertine-Wettin dynasty sprinkled sacred soil from Rome on the churchyard to bestow on it the papal blessing. During the Reformation, the consecration of the church replaced the commemoration of this event, marking the start of the "Annaberger Kät" celebrations. The event grew in popularity and in 1863 was extended to eight days. Now the region's favourite festival is held annually on the "Schützenplatz" or 'Kätplatz'.

## „Annaberger Kät", fête populaire

La plus grande fête populaire de l'Erzgebirge est liée au pèlerinage d'Annaberg qui a une longue tradition. En 1517, le duc George le Barbu répandit de la terre sacrée rapportée de Rome sur le champ aux morts d'Annaberg, apportant ainsi la bénédiction pontificale sur la commune. À la Réformation, la célébration religieuse devint une kermesse appelée plus tard « Annaberger Kät ». La fête prit de l'ampleur au cours du temps et fut étendue à huit jours en 1863. Attirant des foules, elle se déroule chaque année sur la vaste place dite Kätplatz.

## Christvesper in der St. Annenkirche

Zu den bedeutendsten Vertretern der spätgotischen Hallenkirchen gehört die St. Annenkirche (1499–1525) in der Berg- und Adam-Ries-Stadt Annaberg. In lichterfüllten Räumen stützen Pfeiler reich gegliederte Stern-, Netz- und Schlinggewölbe. Die kostbare Ausstattung von bedeutenden Meistern ihrer Zeit kündet vom wirtschaftlichen Wohlstand der Stadt.

## Vespers in St Annen Church

St Annen Church (1499–1525) in Annaberg, the mountain town which was home to the mathematician Adam Ries, is one of the most outstanding examples of a late-Gothic hall church. The building is flooded with light, its towering pillars support extravagantly articulated and decorated arches. Precious works of art by prominent old masters bear witness to the economic prosperity of the town.

## Christvesper dans le St. Annenkirche

Les vêpres de Noël sont célébrées dans l'église St. Anne (1499–1525), de style gothique tardif et de type halle, un des joyaux d'Annaberg, ancienne ville minière. Sous les voûtes inondées de lumière, le riche aménagement intérieur composé d'œuvres d'artistes réputés à l'époque.

Die Ruine des Franziskaner-Klosters steht für einen kurzen Gastauftritt der Mönche in Annaberg. 1502 wurde das Kloster gebaut und im Zuge der Reformation bereits 1539 wieder verlassen. Heute befinden sich auf dem Gelände das Amtsgericht und das Finanzamt. Nur noch wenige Mauerreste des verfallenen Klosters sind vorhanden, doch die Bibliothek des Franziskanerklosters konnte in der Annabergischen Kirchengemeinde bewahrt werden, sowie einige Gegenstände die in verschiedenen Kirchen des Erzgebirges ihren Platz gefunden haben.

The ruins of the Franciscan friary bear witness to the short period in which friars settled in Annaberg, for the friary itself, erected in 1502, was abandoned as early as 1539, in the course of the Protestant Reformation. Today a court of law and the tax office can be found in the grounds. The friary fell into disrepair and now only a few remnants of its walls still stand, although the library was preserved by the parish of Annaberg, and other objects from the friary also found a home in various churches of the Erzgebirge.

Les ruines du monastère évoquent le bref séjour des moines franciscains à Annaberg. Construit en 1502, le monastère fut abandonné dès 1539, à l'époque de la Réformation. Le tribunal d'instance et la perception s'élèvent aujourd'hui sur son emplacement. Il ne reste que quelques murs du monastère, mais la bibliothèque des moines fut sauvée et est conservée dans la paroisse d'Annaberg, tandis que divers objets religieux ont trouvé une place dans différentes églises de la région.

## FROHNAU, Schreckenberg

Zu einem historischen Berggottesdienst laden die Bergbrüder der Berg-, Knapp- und Brüderschaft Frohnau/Annaberg-Buchholz im Sommer zur Ruine auf dem Schreckenberg ein. — Am Fuße des Schreckenberges befindet sich das technische Museum "Frohnauer Hammer". In der Fertigungsstätte, die unter anderem Getreidemühle und Scherenschmiede war, wurde ab 1498 die Silbermünze „Schreckenberger" geprägt. Bei einer Führung bekommt man einen Einblick in die frühindustrielle Technik des 17. Jahrhunderts.

## FROHNAU, Schreckenberg

During the summer months, the members of the Mountain and Fraternal Brotherhood of Frohnau/ Annaberg-Buchholz invite everyone to traditional mountain church services in the ruins of Schreckenberg castle. — The "Frohnauer Hammer" Museum of Technology lies at the foot of the Schreckenberg mountains. "Schreckenberger" silver coins were minted here since 1498; a grain mill and a forge for scissor-making once stood on the site of the erstwhile assembly shop. Visitors will get a flavour of 17th century earls industrial technology.

## FROHNAU, Schreckenberg

En été, la Confrérie d'Annaberg invite à un service religieux dédié aux mineurs dans les ruines du Schreckenberg. Le musée de la Technique « Frohnauer Hammer » se trouve au pied du Schreckenberg.— Autrefois, la monnaie de l'endroit était frappée dans la fabrique où se trouvaient aussi un moulin et une forge où l'on fabriquait des ciseaux. Une visite guidée donne un aperçu sur la technique au XVIIe siècle.

◁ Frohnauer Hammer "Mettenschicht"

## FROHNAU, Besucherbergwerk

In der Natur des Menschen ist Kobalt ein essentielles Spurenelement und wird als Bestandteil von Vitamin B12 im Körper gebildet, allerdings in sehr geringer Form. Als Erz, weiß man heute, ist es nur selten zu finden und meistens in Verbindung mit Kupfer, Eisen, Silber oder Uran. So kann man sagen, dass ein Besuch im Markus-Röhling-Stollen etwas ganz besonderes ist. Hier wurden zwischen 1733 bis 1857 derartige Erze abgebaut. In der einzigartigen Atmosphäre des Stollens kann man unter Tage bei Kerzenschein den Bund fürs Leben schließen.

## FROHNAU, mining museum

In human physiology, cobalt is an essential trace element and is produced in the body as a constituent part of vitamin B12, though only in minute quantities. Today it is known that cobalt ore is a very rare substance, and it mostly occurs in connection with seams of copper, iron, silver or uranium. A visit to the Markus Röhling mine is therefore something very special, for it was these very ores that were mined here between 1733 and 1857. Here below ground, in the unique atmosphere of a tunnel, it is now possible to hold a candlelight wedding.

## FROHNAU, mine publique

Dans le corps humain, le cobalt, oligo-élément essentiel, est un constituant en très petite quantité de la vitamine B12. On sait aujourd'hui que sous forme de minerai, le cobalt est très rare dans le sol où on ne le trouve la plupart du temps qu'associé au cuivre, au fer, à l'argent ou à l'uranium. On peut ainsi affirmer que la visite de la mine Markus-Röhling-Stollen est un événement exceptionnel. Dans l'atmosphère unique de cette mine, sous terre, on peut s'unir pour la vie à la lueur des chandelles.

Die sieben Greifensteine sind bis zu 40 Meter hohe Granitfelsen, die inmitten eines großen Waldgebietes aus der Erde ragen. Ein Paradies für Kletterer, für die Anderen führt eine schmale Treppe zur Aussichtsplattform. Die mächtigen Riesen bilden die eindrucksvolle Kulisse für ein Freilichttheater. Der Wachtturm von Geyer ist mit 42 Metern das höchste Turmmuseum Deutschlands. Die Binge, ein gewaltiger Krater, zeigt anschaulich was geschieht, wenn der Bergbau unsachgemäß betrieben wird. Der 60 Meter tiefe Einsturzkessel kann über Pfade erkundet werden.

The seven Greifen Stones are actually granite buttes which rise 40 metres above the ground in the middle of a huge forested area. This is a paradise for rock climbers, but for the less energetic a set of steps leads to a lookout. These mammoth stones form a perfect natural backdrop for an open-air theatre. With a height of 42 m., the Geyer watch tower is the highest tower museum in Germany. The huge crater of the "Binge" is a graphic demonstration of inadequately planned mining. The 60-metre deep crater, the result of land subsidence due to mining, can be explored on foot.

Les sept « Greifensteine » sont des rochers de granit atteignant 40 mètres de hauteur, qui se dressent au cœur d'une région boisée. On peut les escalader, mais aussi emprunter un escalier étroit qui mène à une plate-forme panoramique. Les énormes roches composent également le décor naturel d'un théâtre de plein air. S'élevant à 42 mètres, la tour de guet de Geyer est le plus haut musée d'Allemagne. La Binge, un énorme cratère, est le résultat d'une exploitation minière excessive. Des chemins permettent d'explorer l'effondrement en cuvette profond de 60 mètres.

Unverkennbar ist der ursprüngliche Zweck der Burganlage Wolkenstein, die bereits Ende des 12. Jahrhunderts entstand. Sie sicherte einst von einem hervorspringenden Felsen den gefährlichen Weg durch den dunklen Wald herab. Entstehung der Anlage und Ansiedlung der Stadt stehen in engem Zusammenhang. Heute erwartet den Besucher ein historischer, liebevoll gepflegter Stadtkern. Sehenswert ist die St.- Bartholomäus-Kirche und eine Postdistanzsäule. Das Schloss selbst beherbergt ein Natur- und Heimatkundemuseum.

The original purpose of Wolkenstein Castle, which was built towards the end of the 12th century, is unmistakeable. It was built to protect the potentially dangerous route down from the prominent cliff through the dense forest. The construction of the castle and the settlement of the city are inextricably linked. The visitor will find a lovingly restored historic city centre with the noteworthy St Bartholomaeus Church and an ancient postal distance marker. The castle itself houses a natural history and local history museum.

Juché sur un éperon rocheux, l'impressionnant château de Wolkenstein, construit à la fin du XIIe siècle, était destiné à protéger la route dangereuse qui traversait les forêts sombres. La petite ville fut pratiquement fondée à la même époque que la forteresse. En son centre, elle abrite un quartier historique soigneusement préservé. À voir entre autres, sont l'église St. Barthélemy et une ancienne borne des postes. Le musée régional (expositions d'histoire naturelle et folklorique) est installé dans le château.

Hoch über dem Zschopautal erhebt sich seit 1250 Burg Scharfenstein, erbaut durch die Herren von Waldenburg. Die mittelalterliche Höhenburg diente damals zum Schutz des Silber- und Zinnbergbaus und eines Handelswegs der nach Böhmen führte . 1921 brannte die Burg nieder, nur der Bergfried, Teile des Palas und das Außenportal blieben erhalten. Ein Wiederaufbau wurde nach alten Plänen bis 1923 durchgeführt, danach gelangte die Burg in Privatbesitz. Nach 1945 wurde sie Volkseigentum und Jugendwerkhof für auffällig gewordene Jugendliche.

High above the valley of the Zschopau stands Scharfenstein Castle, built in 1250 by the Lords of Waldenburg. This medieval hilltop fort served to protect the local silver and tin mining industries and also to guard the nearby trade route that led to Bohemia. In 1921 the castle burnt down, leaving only part of the keep, the Great Hall and the outer gateway. It was reconstructed in 1923 according to ancient plans. The castle was then privately owned until 1945, when it became public property, housing a Jugendwerkhof, a penal institution for juveniles.

Dominant la vallée dite Zschopautal, le château de Scharfenstein fut construit en 1250 par les seigneurs de Waldenburg. La forteresse médiévale servait alors à protéger les mines d'argent et d'étain ainsi qu'une route marchande qui menait en Bohême. Après un incendie en 1921, il ne resta plus que le donjon, une partie du logis et le portail extérieur du château. Après avoir été reconstruit selon les plans d'origine jusqu'en 1923, le château devint une propriété privée. Appartenant à l'État depuis 1945, il abrita ensuite un centre pour adolescents en difficulté.

## Burg Scharfenstein, Außenportal

Nach umfangreichen Renovierungsar-
beiten konnte Burg Scharfenstein 1993
ihren Betrieb als „Erlebnisburg" aufnehmen.
Mit einer der größten zusammenhängenden Sammlungen der Volkskunst aus dem
Erzgebirge wartet die Burg Scharfenstein
auf. Sie zeigt in einer Art „Museum zum
Anfassen" die ganze Vielfalt typischer
Handwerkskunst des Erzgebirges, mit einer
Weihnachts- und Spielzeugsammlung. In-
teressant und unterhaltsam ist auch eine
Ausstellung über den legendären Wild-
schütz Karl Stülpner sowie Informationen
zur Burg Geschichte.

## Scharfenstein Castle, outer gateway

After extensive renovation work, Scharfenstein Castle was opened to the public in
1993 and now offers visitors a full "Castle
Experience". It contains one of the largest
single collections of folk art of the Erzgebirge, and also a kind of hands-on museum
that displays both the whole range of typical crafts of the Erzgebirge and a collection
of locally-made Christmas decorations and
toys. Another interesting and entertaining
exhibition is devoted to the legendary
poacher Karl Stülpner, with information
about the castle and its history.

## Burg Scharfenstein, portail extérieur

Après de grands travaux de restauration en
1993, Burg Scharfenstein est aujourd'hui un
château-musée qui captivera petits et
grands. On peut y admirer la plus grande
collection d'arts populaires de l'Erzgebirge,
qui montre l'énorme diversité des arti-
sanats d'art typiques de la région. Les collections d'objets de Noël et de jouets sont
particulièrement superbes. Une exposition
également intéressante raconte la vie du lé-
gendaire braconnier Karl Stülpner. On y apprendra de même tout sur l'histoire du
château.

Schon von weitem grüßt der „Dicke Heinrich" den Besucher der Stadt Zschopau. Der Turm stammt aus dem 12. Jahrhundert und gilt als eines der ältesten Zeugnisse der Stadt. Er schützte den Flussübergang und die angrenzenden Gassen. Heute bietet er einen reizvollen Blick auf die unter ihm liegende Stadt. Das ihn umgebende Jagdschloss Schloss Wildeck, das bis ins 20. Jahrhundert hinein als Verwaltungsgebäude diente, beherbergt interessante Ausstellungen, wie beispielsweise zur traditionsreichen Motorrad- und Motorsportgeschichte der Stadt, sowie Informatives zum Buchdruck.

The tower known as "Fat Henry", originating in the 12th century, is one of the oldest historic buildings in the city and acts as a focal point for visitors. It was built to protect the river crossing and nearby roads, and nowadays offers breathtaking views over the city. The neighbouring hunting lodge Schloss Wildeck, which served as an administrative centre until the 20th century, now hosts interesting exhibitions, for example, a history of motorcycling and motorsport and an informative programme about book publishing.

Le « Gros Henri » salue de loin les visiteurs arrivant à Zschopau. La tour qui date du XIIe siècle est un des plus anciens monuments de la ville et protégeait jadis le passage de la rivière. Les visiteurs découvriront une superbe vue sur la ville qui s'étend à leurs pieds depuis le haut de la tour. L'ancien château de chasse « Schloss Wildeck » bâti autour du donjon, a abrité les services administratifs de la ville jusqu'au XXe siècle. Il est aujourd'hui un musée racontant entre autre l'histoire captivante du sport motocycliste à Zschopau.

Bereits 1537 fand man Kalk zum Abbauen in dem kleinen Ort Lengefeld. Durch die großen Schlossbauten in Augustusburg sowie der Kirche im nahen Marienberg, erlebte der Kalkabbau in den Brüchen um Lengefeld seinen Aufschwung. Heute ist die Anlage das älteste technische Denkmal im Erzgebirge und einzigartig in Europa. Sie veranschaulicht dem Besucher die Produktionsgeschichte im Laufe von mehr als vier Jahrhunderten. Ein besonderer Höhepunkt in der Anlage ist das alljährlich am ersten Juli-Wochenende stattfindende traditionelle Kalkofenfest.

Chalk was discovered near the small village of Lengefeld as early as 1537. Chalk mining around Lengefeld became a boom industry due to the building of the many castles in Augustusburg and the church near the Marienberg. These mines are in effect the oldest monument to technology in the Erz Mountains, representing a period of continuous production over more than 400 years, and as such they are unique in the whole of Europe. A special highlight is the traditional Limekiln Festival held here on the first weekend in July every year.

Dès 1537, on commença à exploiter le calcaire dans la petite localité de Lengefeld. Grâce à la construction des châteaux d'Augustusburg et de l'église de la localité proche de Marienberg, l'exploitation des carrières de calcaire de Lengefeld connut un énorme essor. Aujourd'hui, le site est le plus ancien monument technique de l'Erzgebirge et unique en Europe. Il donne aux visiteurs un aperçu de la production de calcaire au cours de plus de 400 ans. La fête annuelle du calcaire s'y déroule le premier week-end de juillet.

Beschaulich schmiegt sich das romantische Bergdorf Pobershau an die Hänge (560 bis 710 Meter ü. M.) des
mittleren Erzgebirgskreises. Der Bergbau ist hier allge-
genwärtig und überall sind Zeugnisse zu finden, wie das
Besucherbergwerk „Molchner Stolln", welches zu den
ältesten Bergwerken Sachsens gehört. Immer wieder
trifft man im Erzgebirge auf die besonderen Fertigkeiten
der Einheimischen, wie hier die Schnitzkunst von Gottfried Reichel. Die idyllische Landschaft ist wie geschaffen
für ausgiebige Wanderungen, die man auch im Winter
auf Skiern genießen kann.

The tranquil mountain village of Pobershau nestles ro-
mantically into the slopes (560–710 m. above sea level)
of the central region of the Erzgebirge. The mining industry is omnipresent here and traces of it can be seen
everywhere, such as in the "Molchner Stolln", one of
Saxony's oldest mines, and now a visitor attraction. In
the Erzgebirge you constantly find local people with
special skills, such as the wood carving of Gottfried
Reichel shown here. The idyllic landscape is ideal for
extended walking tours, with paths that in winter can
be enjoyed on skis.

Le village romantique de Pobershau s'accroche à un
versant des montagnes moyennes de l'Erzgebirge
(Monts Métallifères), d'une hauteur de 560 à 710
mètres. L'exploitation du minerai est ici présente partout, et l'on peut visiter d'anciennes mines telles que le
« Molchner Stolln », une des plus anciennes mines de
la Saxe. On rencontre également partout des arts artisanaux régionaux comme ici la sculpture sur bois de
Gottfried Reichel. La nature idyllique invite aux longues
randonnées, que l'on peut faire à ski de fond en hiver.

Die Talsperre am Saidenbach liegt unweit von Lenge-feld und wurde in den Jahren 1929 bis 1933 erbaut. Ihr Fassungsvermögen von mehr als 23 Millionen Kubikmetern Wasser wird, wie bei den meisten Stau-seen, im Erzgebirge für die Trinkwasserversorgung ge-nutzt. — Die Silberstadt Marienberg ist in vieler Hinsicht eine Besonderheit. Die St. Marienkirche be-herbergt eine der größten Orgeln im Erzgebirge. Erbauer Carl Eduard Schubert fühlte sich der Silbermanntradition des Orgelbaus verpflichtet und stattete sie mit 3158 Pfeifen und 51 Registern aus.

The reservoir at Saidenbach, near Lengefeld, was built between 1929–1933. It has a total capacity of over 23 million cubic metres and, like most of the reservoirs in the Erz Mountains, it is used as a source of drinking water. — The silver town of Marienberg has a lot of unusual specificitys. The St Marien Church which has the largest church organ in the Erz Mountains. It was built by Carl Eduard Schubert with 3158 pipes and 51 stops, true to the Silbermann tradition of organ building.

Situé à proximité de Lengefeld, le barrage de Saidenbach fut érigé entre 1929 et 1933. Sa capacité de retenue dépasse 23 millions de mètres cubiques d'eau. À l'instar des autres barrages de l'Erzgebirge, il sert à alimenter la région en eau potable. — l'agréable ville de Marienberg n'a pas seulement la particularité d'être bâtie selon un plan rectangulaire, mais elle possède aussi le plus grand orgue de l'Erzgebirge, installé dans l'église Sainte-Marie. Le facteur d'orgues Carl Eduard Schubert le dota de 3158 tuyaux et 51 registres.

Die Stadt Marienberg ist berühmt für ihren historischen Grundriss. 1521 entwarf Ulrich Rülein von Calw, Professor der Mathematik und Doktor der Medizin, einen Plan zur Erbauung der Stadt nach dem Vorbild des „Hippodamischen Systems". Demnach ist der Marktplatz quadratisch und genau ein Hektar groß. Er bestimmt ein rechtwinkliges Straßennetz, das sich von hier regelmäßig in alle vier Himmelsrichtungen ausbreitet. Die völlig symmetrische Stadtanlage entstand nach antikem Vorbild der Renaissance und ist die früheste ihrer Art nördlich der Alpen.

The town of Marienberg is famous for its historic layout. Ulrich Ruelein von Calw, a professor of mathematics and doctor of medicine, designed a plan for the construction of a town modelled on the "Hippodamic system". The marketplace is thus square and covers exactly one hectare. It determined the layout of the rectangular network of roads that extends from it in all four directions. The completely symmetrical town plan was based on an ancient model in the Renaissance and is the earliest example of its kind north of the Alps.

Marienberg est célèbre pour son plan historique. Ulrich Ruelein von Calw, professeur en mathématiques et docteur en médecine, dessina en effet un plan de construction de la ville d'après le modèle du système de Hippodamos, selon lequel la place du marché, un carré d'un hectare situé au centre, ordonne un réseau de rues orthogonales qui se déploie régulièrement en direction des quatre points cardinaux. L'agglomération, entièrement symétrique, créée à l'image d'un modèle antique de la Renaissance, est la plus ancienne de son genre au Nord des Alpes.

## Großrückerswalde, Wehrgangkirche

Wahrzeichen von Großrückerswalde ist die evangelische Pfarrkirche. Die Wehrgangkirche diente den Menschen im Mittelalter nicht nur als Gotteshaus, sondern auch als Festung und wurde entsprechend mit dicken Mauern und kleinen Fenstern ausgestattet. Der Wehrgang wurde auf dem erweiterten Dachboden untergebracht, von hier aus konnte man sich mit Armbrüsten, Pfeil und Bogen durch die engen Schießschachte verteidigen.

## Großrückerswalde, Wehrgang church

The most famous landmark of Großrückerswalde is the Protestant church. Known as a 'battlement' church, in the Middle Ages it served the parish not only for prayer but as a kind of fortification, and was therefore fitted out with thick walls and small windows. The battlements were situated under the extended attic, and from here the building could be defended with crossbows and bows and arrows through the narrow slits in the wall.

## Großrückerswalde, église fortifiée

L'église paroissiale protestante est le symbole de Großrückerswalde. Au Moyen Âge, l'église fortifiée n'était pas seulement une maison de Dieu, mais servait aussi de refuge aux habitants en cas de conflits, ce qui explique les murs épais et les fenêtres étroites. Le chemin de ronde court sur le pourtour du toit ; de là, on pouvait se défendre à l'arc et arbalète en tirant flèches et traits par les meurtrières.

52

Über die Jahrhunderte hinweg wurde an der Innengestaltung immer wieder gearbeitet und ergänzt, so dass hier verschiedene Stilrichtungen zu finden sind. Der Altar ist von 1649, die Kanzel wurde 1690 erbaut, das Gestühl ist circa 200 Jahre alt, die Bilder der Empore sind aus dem 19. Jahrhundert. Die eindrucksvolle Orgel mit den 1201 Pfeifen wurde 1829 von dem Orgelbaumeister Steinmüller geschaffen. Besonders wertvoll ist das Pestbild von 1583, welches die Stadt zu dieser Zeit zeigt, als die Pest durch das Land zog.

Over the centuries there have been numerous alterations and additions to the church's interior furnishings, so that a mixture of various styles can now be found here. The altar dates from 1649, while the pulpit was erected in 1690 and the pews are about 200 years old. The balcony paintings date from the 19th century, and the impressive organ, with 1201 pipes, was built in 1829 by the master organ builder Steinmüller. Of especial value is the plague picture of 1583, showing the town at a time when plague was raging through the land.

Sans cesse aménagé et transformé au cours des siècles, l'intérieur de l'église montre des styles de diverses époques. L'autel date de 1649, la chaire fut fabriquée en 1690, les stalles furent installées il y a environ 200 ans, les peintures de la galerie sont du XIXe siècle. L'orgue impressionnant, doté de 1201 tuyaux, est une oeuvre du célèbre facteur d'orgue Steinmüller. La peinture de la peste réalisée en 1583 est particulièrement précieuse; elle montre la ville à l'époque où la terrible épidémie sévissait à travers le pays.

Überlebensgroß begrüßen Nussknacker, Reiterlein und Pfefferkuchenfrau die Besucher zur Adventszeit in Olbernhau. Im kleineren Format treten sie das ganze Jahr über eine weite Reise in die Welt an und künden von der erzgebirgischen Holzkunst, die in der Stadt der sieben Täler eine lange Tradition hat. Von einem interessanten Teil der Stadtgeschichte erzählt die Saigerhütte. Das Saigern ist das schmelztechnische Trennen von Silber und Kupfer. Über 400 Bauwerke in Europa schmücken sich zum Teil bis heute noch mit einem hochwertigen Kupferdach aus Olbernhau.

Outsized nutcrackers, knights and "pepper cake ladies" greet the visitor to Olbernhau during Advent. Smaller toy-sized versions are sold throughout the world all year round, bringing the name of the Erz Mountains and the traditional woodcraft of the City of the Seven Valleys to a wider public. The Saiger Hut brings local history to life. "Saigern" is the smelting technique that separates silver from copper. To this day, there are still over 400 buildings in Europe with beautiful roofs made of Olbernhau copper.

Surdimensionnées, les figures des bonshommes casse-noix et autres personnages folkloriques accueillent les visiteurs d'Olbernhau à l'époque de Noël. Fabriqués en plus petit format, ces personnages partent toute l'année, aux quatres coins du monde, comme ambassadeurs de l'art artisanal du bois dans l'Erzgebirge, qui a notamment une longue tradition à Olbernau, la ville des septs vallées. La localité était aussi connue pour sa production de cuivre. Plus de 400 édifices en Europe sont encore coiffés de toits de cuivre provenant d'Olbernhau.

## SEIFFEN / Erzgebirge

Das Spielzeugdorf Seiffen ist Zentrum des Erzgebirges und seiner uralten Traditionen. Baumeister der achteckigen Seiffener Bergkirche von 1779 war Christian Reuther, Schüler von George Bähr. Acht Säulen bilden ein regelmäßiges Achteck und tragen Kuppel und Turm mit Wetterfahne. Als Wahrzeichen für den Seiffener Zinnbergbau wurde die Wetterfahne mit einem Bergmann versehen. Der Bergbau begann Mitte des 15. Jahrhundert Rings um den Schwartenberg entwickelte sich reger Grubenbetrieb. 1849 wurde das Bergamt wegen mangelnder Ausbeute geschlossen.

## SEIFFEN / Erz Mountains

The toy-manufacturing village of Seiffen is the centre of the Erz Mountains and its age-old tradition. The architect of the octagonal Mountain Church of 1779 was Christian Reuther, a pupil of George Bähr. Eight columns form a regular octagon and support the dome and the tower with its weathervane. As a sign of the importance of tin mining in Seiffen, the weathervane includes the figure of a miner. Mining began in the middle of the 15th century, and became quite extensive all around the Schwartenberg. The mining office close at 1849, and then on account of insufficient yields.

## SEIFFEN / Monts Métallifères

Seiffen, village du jouet, est le centre des Monts Métallifères et de ses traditions ancestrales. Nous devons l'architecture de son église polygonale de huit côtés de 1779 à Christian Reuther, disciple de George Bähr. Huit colonnes forment un octogone régulier sur lequel reposent la coupole et la tour avec sa girouette. Véritable emblème des gisements d'étain de Seiffen, cette girouette est ornée d'un mineur. Démarrée au XVe siècle, l'exploitation minière connut une expansion active tout autour du mont Schwartenberg. 1849 l'administration des mines dut fermer ses portes pour manque de rendement.

## SEIFFEN, Weihnachtspyramide

Im Erzgebirgischen Spielzeugmuseum Seiffen dreht sich alles um die 6,30 Meter große Pyramide. Von der Verbundenheit zur Heimat und dem handwerklichen Können erzählen die rund 5000 Exponate des 1953 entstandenen Museums. Zu den Kostbarkeiten gehören Miniaturspielwaren sowie Erzeugnisse des Reifendrehens. Das Erzgebirgische Freilichtmuseum wurde 1973 als eine Abteilung des Spielzeugmuseums eingerichtet. In Häusern und Werkstätten ist das Leben und Arbeiten der Menschen im 19. Jahrhundert nachempfunden.

## SEIFFEN, Christmas pyramid

The centrepiece of the Erz Mountain Toy Museum in Seiffen is the 6.3 metre-high Christmas Pyramid. The museum, founded in 1953, has over 5000 exhibits which tell the story of people's attachment to their homeland and demonstrate the skills of local artisans, including miniature toys and native crafts turned on a wood lathe. In 1973 the Erz Mountain Open Air Museum was created as an extension to the toy museum. Here, faithfully reconstructed period houses and workshops give visitors an idea of how people lived and worked in the 19th century.

## SEIFFEN, Carrousel de Noël

Le carrousel de Noël, haut de 6,30 mètres, est la pièce maîtresse du musée des jouets de l'Erzgebirge, situé à Seiffen et inauguré en 1953. Les quelque 5000 objets exposés, dont les carrousels traditionnels, démontrent les talents artisanaux et artistiques des habitants de ce terroir. Les jouets miniatures sont de véritables petites oeuvres d'art. Le musée de plein air de l'Erzgebirge a été ajouté au musée des jouets en 1973. On y découvre la façon de vivre et de travailler des gens du XIXe siècle dans des maisons et ateliers reconstitués.

Der historische Bergbausteig, ein Wanderpfad, führt an knapp zwei Dutzend Wahrzeichen vorüber und erinnert an die geschichtlichen Wurzeln des Spielzeugdorfes Seiffen. Besonders stolz sind die Seiffener auf die Wiederbelebung alter, aus Zeiten des Bergbaus stammender, Traditionen in Form einer Bergknappschaft, die erstmals 1992 in Erscheinung trat. Schmuckstück und vielfach dargestelltes Objekt des Ortes ist seine 1779 geweihte Rundkirche, deren Bauplan sich in Anlehnung an die Dresdner Frauenkirche orientierte.

The historic hiking trail known as the Miners' Path takes visitors past some two dozen landmarks and buildings which stand as monuments to Seiffen's historic roots. The citizens of Seiffen are especially proud of their mining traditions, which has led to the revival of mining fraternities, the first of which re-formed in 1992. The most valuable and lauded of the town's gems is the Round Church, which was consecrated in 1779 and built along the lines of the Frauenkirche in Dresden.

Aujourd'hui ville des jouets et station climatique, Seiffen a renoué avec son passé de ville minière depuis la création de la Confrérie des mineurs en 1992. Le cortège traditionnel des mineurs y a lieu chaque année. Le chemin de randonnée « Bergbausteig » (sentier de la mine), passe devant quelque deux douzaines de sites ou monuments rappelant que la localité est née de l'exploitation des mines. Maintes fois représentée dans des peintures, l'église paroissiale de Seiffen fut bâtie en 1779, sur le modèle de la Frauenkirche de Dresde.

Das Landschaftsbild Neuhausens wird vom Schloss Purschenstein beherrscht, welches auf einem Felsrükken aus dichtem Bewuchs herausspäht. Die Sage erzählt vom böhmischen Ritter Borso, der Anfang des 13. Jahrhundert die Zoll- und Geleitsburg an der so genannten „alten Salzstraße" errichtete, die den Raum Halle/Leipzig mit dem böhmischen Prag verband. Das Schloss mit seinen drei Türmen bietet dem heutigen Betrachter einen herrlichen Blick. Heute beherbergt das Schloss ein Hotel und Restaurant der gehobeneren Klasse.

The countryside around Neuhausen is dominated by Purschenstein Castle which towers above a cliff in the midst of dense forest. Legend has it that a Bohemian knight, Borso, established the castle here at the beginning of the 13th century to collect tolls and provide safe passage to the border along the so-called "Old Salt Road" which connected the area around Halle/Leipzig with Prague in Bohemia. There are wonderful views from the castle's three towers, and visitors can enjoy a relaxing stroll in the landscaped grounds. Today the castle houses a hotel and restaurant in the upscale category.

Situé près de Neuhausen, le château de Purschenstein dominé par trois tours se dresse sur un éperon rocheux, dans un cadre de verdure touffue. Selon la légende, le château aurait été érigé au début du XIIIe siècle par un chevalier de Bohême nommé Borso. Il était une douane et une halte protégée sur la Route du Sel qui reliait le territoire de Halle/Leipzig à Prague, alors capitale de la Bohême. Aujourd'hui, le château abrite un hôtel et un restaurant dans la catégorie haut de gamme.

Die Silbermannstadt Frauenstein entstand zeitgleich mit ihrer Burg. Etwa um 1200 ließen sich Bauern und Bergleute hier nieder. Noch heute wird sie überragt von dem 1588 fertiggestellten Schloss und der Burg, die 1728 durch einen Brand zur Ruine wurde. Das Schloss beherbergt im Gottfried-Silbermann-Museum viele Details zum Leben und Werk des berühmtesten sächsischen Orgelbauers. Die Burganlage direkt hinter dem Schloss ist die größte mittelalterliche Burgruine Sachsens und bietet von einem Aussichtspunkt eine herrliche Rundsicht in die Umgebung.

The city of Frauenstein and the castle were founded at the same time when farmers and miners settled here around 1200. To this day the city is dominated by the castle, completed in 1588, and by the fortress, left in ruins after a fire in 1728. The castle houses the Gottfried Silbermann Museum which recalls the life and work of the most famous Saxon organ builder. The grounds of the fortress, situated directly to the rear of the castle, contain the largest medieval fortress ruins in all of Saxony and allow the visitor gorgeous views of the surrounding countryside.

Frauenstein fut fondée en même temps que son premier château. Des paysans et mineurs vinrent s'installer à cet endroit dès 1200. Aujourd'hui encore, la localité est dominée par les ruines du château fort détruit lors d'un incendie en 1728, et par le château Renaissance érigé en 1588. Ce dernier abrite le Gottfried-Silbermann-Museum qui raconte la vie et l'oeuvre du plus célèbre facteur d'orgue de Saxe. Juste derrière le château, se dresse la ruine de la plus grande forteresse médiévale de Saxe d'où l'on découvre une vue imprenable.

Der langgezogene Erholungsort Schellerhau erstreckt sich auf einer Höhe von 700 bis 800 m. Eine 1906 durch den Königlich-Sächsischen Garteninspektor Gustav Adolf Poscharsky angelegte Pflanzensammlung avancierte über die Jahre zum heute reizvollen Botanischen Garten. In den Sommermonaten werden auf 1,5 ha über 1000 Pflanzenarten gezeigt. Die Dorfkirche aus dem 15. Jh. zählt zu den schönsten im Freistaat. Alljährlich im Februar ist der Ort Anziehungspunkt für Langläufer aus ganz Deutschland, die sich zum "Schellerhauer Kammlauf" treffen.

The quiet village of Schellerhau snakes along a long stretch of countryside at an elevation of 700 to 800 metres. The attractive Botanical Gardens, which have over 1000 different plant varieties displayed in summer on just 1.5 hectares, developed from a small collection of plants originally planted here in 1906 by the royal Saxon garden inspector Gustav Adolf Poscharsky. The 15th century village church is one of the most beautiful in the entire Free State of Saxony. In February each year long-distance runners from all over Germany gather in the village for the "Schellerhauer Kamm Run".

Lieu de villégiature très prisé, Schellerhau s'étire sur une hauteur de 700 à 800 mètres. Le jardin botanique créé en 1906 par Gustav Adolf Poscharsky, inspecteur des jardins à la cour royale de Saxe, est devenu un parc magnifique de 1,5 hectare abritant plus de 1000 espèces de plantes. L'église paroissiale de Schellerhau date du XVe siècle et compte parmi les plus belles de l'État de Saxe. Chaque année, en février, les skieurs de fond viennent de toute l'Allemagne pour participer à la célèbre course du « Schellerhauer Kammlauf ».

Die Entwicklung des Wintersports bewirkte zu Beginn des 20. Jahrhunderts eine spürbare Belebung der Region um Altenberg. Mit dem Ausbau der Verkehrswege und dem Anschluss des jetzigen Kurortes an das Eisenbahnnetz im Jahr 1923 kamen immer mehr Erholungssuchende und Sportler. Die Stadt bietet eine Vielzahl an touristischen Einrichtungen, darunter ein Bergbaumuseum und ein Besucherbergwerk. Durch die Ausrichtung hochrangiger Sport-Wettkämpfe hat sich Altenberg auch weltweit einen Namen gemacht.

The development of winter sports at the beginning of the 20th century led to the revival of the region around Altenberg. The development of a good road system and connection of the spa town to the rail network in 1923 heralded the influx of athletes and visitors looking for rest and relaxation. The town has many tourist attractions, including a mining museum and a mine open to visitors. Altenberg has also gained a nameby hosting top-notch sporting events and competitions.

Au début du XXe siècle, le développement des sports d'hiver a apporté un nouvel essor à la région d'Altenberg et à l'ancienne cité minière. La construction de routes et le raccordement d'Altenberg au réseau ferroviaire en 1923 ont amené de plus en plus de vacanciers, été comme hiver. Cette ville agréable offre aujourd'hui de nombreuses prestations touristiques, y compris un musée de la mine et une visite de mine. Elle a également acquis une réputation mondiale grâce à des compétitions sportives de haut rang.

Die Gründung der Stadt Lauenstein ist eng an die Entstehung der Burganlage im 13. Jahrhundert geknüpft. Diese entstand an der böhmischen Grenze und sollte Händler sowie Handwerker und Bauern schützen, die sich unweit der Müglitz einen Siedlungsplatz suchten. — Aufgrund seiner ruhigen und waldreichen Lage ließ der Kurfürst Moritz (1541–1553) 1550 ein Jagdhaus erbauen, welches Zaunhaus genannt wurde. Aber erst im 18. Jahrhundert begannen Waldarbeiter, Flößer und Kalkwerker den Ort zu besiedeln, welcher dann den Namen des Jagdhauses bekam.

The founding of the town of Lauenstein is closely associated with the construction of the castle in the 13th century. The castle was built on the border with Bohemia and was intended to protect traders, workmen and farmers wanting to settle in and around Müglitz. —In 1550, Elector Moritz (1541–1553) chose this peaceful woodland setting as an ideal place to build a hunting lodge, the "Zaunhaus". It was not till the 18th century that woodsmen, rafters and kiln workers began to settle here, after which the name Zaunhaus was extended to the whole town.

Située dans la vallée de la Müglitz, Lauenstein fut fondée au XIIIe siècle, en même temps que le château fort érigé à la frontière de la Bohême pour protéger les marchands en voyage, mais aussi les paysans et les artisans venus s'installer sur les rives de la Müglitz. — Attiré par la solitude du lieu et ses forêts giboyeuses, le prince-électeur Moritz (1541–1553) y fit construire un pavillon de chasse en 1550 que l'on appela Zaunhaus. Mais à partir du XVIIIe siècle, l'endroit commença à être exploité, à un village qui prit le nom du château.

Im windungsreichen Tal der Müglitz liegt die Stadt Glashütte. Verdienten sich ihre Bewohner im 15. Jahrhundert mit dem Abbau des Silbers ihren Lebensunterhalt, so war es ab Mitte des 19. Jahrhundert die Taschen- und spätere Armbanduhrenproduktion. Mit ihren Präzisionsprodukten wurden die Glashütter Uhrmacher weit über die Grenzen Sachsens und Deutschlands hinaus berühmt. Im Uhrenmuseum erhält der Besucher einen Einblick in Geschichte und Gegenwart. Darüber hinaus ist die St. Wolfgangskirche Magnet für Geschichtsinteressierte.

The town of Glashütte lies in the winding valley of the Müglitz. In the 15th century its citizens earned their living from mining silver but from the middle of the 19th century onwards it was from pocketwatch, and later wristwatch, production. Their precision instruments made the Glashütte watchmakers famous far beyond the borders of both Saxony and Germany. The Watch Museum affords visitors a glimpse of past and present, and St Wolfgang Church will also be of interest to history buffs.

Glashütte s'étend dans la vallée sinueuse de la Müglitz. À partir du XVe siècle, ses habitants vécurent de l'exploitation des mines d'argent, mais se reconvertirent dans l'horlogerie au milieu du XIXe siècle, notamment la fabrication de montres à gousset et plus tard de bracelets-montres. Grâce à leurs produits de grande précision, les horlogers de Glashütte sont réputés, jusqu'à aujourd'hui, au delà des frontières de la Saxe et même de l'Allemagne. À voir: le musée de l'horlogerie et la superbe église « St. Wolfgangskirche ».

Im Jahr 1769 wurde nach den Plänen von Johann Friedrich Knöbel das ländliche Barockschloss. Gebäude und Park sind im englischen Stil gehalten und heute noch regelmäßiger Austragungsort von Konzerten. In den 40er Jahren des 18. Jh. wurde die Kirche des Ortes erneuert. In ihr kann man dem Klang einer der vielgerühmten Silbermannorgeln lauschen. Für Groß und Klein gleichermaßen faszinierend ist die Märchenwiese Reinhardtsgrimma. In den Sommermonaten können hier Groß und Klein in die Welt der Märchen eintauchen.

According to the plans of Johann Friedrich Knöbel was in 1769 the rural baroque castle built. The castle and park are very much in the English style and are the venue for regular music concerts. The church organ was rebuilt in the 1740's, and one can almost feel in the air the familiar timbre of a Silbermann organ. The famous Reinhardtsgrimma fairytale still holds a fascination for both the young and the young at heart, and both can indulge their taste for fairy tale and fantasy here during the summer months.

Selon les plans de Johann Friedrich Knöbel a été en 1769 le château baroque rural construit. Aujourd'hui, des concerts ont régulièrement lieu dans l'édifice et les jardins à l'anglaise. L'église paroissiale de Reinhardtsgrimma fut rebâtie dans les années 1740. On peut y entendre le son admirable d'un des célèbres orgues signés Silbermann. Ouvert du début du printemps à la fin de l'automne, le parc des contes populaires de Reinhardtsgrimma, appelé « Märchenwiese », fascinera autant les petits que les grands.

Dippoldiswalde liegt etwa 22 km südlich der sächsischen Landeshauptstadt. Trotz der baulichen Veränderungen, die die Stadt über die Jahrhunderte erfahren hat, ist im Stadtkern die mittelalterliche Anlage gut zu erkennen. Besonders bei Wanderern ist diese Gegend sehr beliebt, da von hier aus viele Touren ins Osterzgebirge starten. — Auf ihrer 26 km langen Strecke von Freital-Hainsberg nach Kipsdorf passiert die Weißeritztalbahn auch den Bahnhof Dippoldiswalde. Ein Großteil der Gleisanlagen wurde bei der Jahrhundertflut 2002 zerstört und befindet sich im Aufbau.

Dippoldiswalde lies approximately 22 km south of the Saxon capital. Despite the growth and rebuilding that the town has undergone over the centuries, the medieval city centre is still quite recognisable. The area is well-loved by hikers as many of the tours to the eastern Erz Mountains start from here. — The Weisseritztal railway passes through Dippoldiswalde station on its 26 km run from Freital-Hainsberg to Kipsdorf. A large portion of the track of what is the oldest narrow gauge railway in Germany was destroyed in the terrible floods of 2002 and is located in the reconstruction.

Dippoldiswalde se trouve à quelque 22 kilomètre au sud de Dresde, la capitale de la Saxe. Malgré les nombreux changements dans son paysage urbain au cours des siècles, on reconnaît bien le coeur médiéval de la ville. La localité est très fréquentée des randonneurs car elle est le point de départ de circuits dans la nature superbe de l'Osterzgebirge. — Durant son trajet de 26 kilomètres entre Freital-Hainsberg et Kipsdorf, le pittoresque train historique surnommé « Weisseritztalbahn » s'arrête à la gare de Dippoldiswalde,

Der historische Stadtkern von Freiberg birgt eine weithin geschlossene Bebauung aus dem 15. Jahrhundert, undenkbar ohne den berühmten Freiberger Dom mit seiner Tulpenkanzel und der Silbermannorgel. Freiberg war jedoch vor allem Silberstadt. Die Bewohner der „Stadt am freien Berge" lieferten bis ins vorige Jahrhundert durchschnittlich 110 Zentner reinsten Silbers pro Jahr. 800 Jahre Bergbau brachten der Stadt nicht nur Wohlstand, sondern sie förderten auch ganz wesentlich die Wissenschaft. 1765 wurde hier die heute noch existierende Bergakademie gegründet.

The historic town centre of Freiberg with its 15th century buildings is self-contained; it includes the famous cathedral with its tulip-shaped pulpit and Silbermann organ. But Freiberg was above all a city of the silver trade. The town produced on average 110 metric hundredweights per year of the finest silver, right up to the middle of the last century. 800 years of mining not only brought the town prosperity, but also made a significant contribution to science. In 1765 the mining academy that still exists today was founded, at that time the first mining university in the world.

Le noyau historique de Freiberg est une agglomération fermée du XVe siècle, impensable sans sa célèbre cathédrale avec sa chaire en forme de tulipe et son orgue de Silbermann. Freiberg était avant tout ville minière (argent). Jusqu'au siècle précédent, les habitants de la « ville près de la montagne libre », livrèrent en moyenne 110 demi-quintaux d'argent pur. 800 ans d'extraction minière apportèrent une grande aisance à la ville et permirent la promotion de la science. En 1765, y fut fondée la première Académie minière qui existe encore de nos jours.

## FREIBERG, Dom St.Marien

Die Bergbau-, Universitäts- und Orgelstadt
Freiberg hat viele Attribute. Die Stadt der
Silberstraße gilt als die Mutter des erzgebirgischen Bergbaus. Hier wurde nicht nur
abgebaut und was aus dem Berge kam in
klingende Münze umgewandelt, sondern
hier wurde und wird das Innere der Berge
wissenschaftlich erforscht. An ihm kommt
kein Freibergbesucher vorbei: dem Dom.
Und was wäre die bedeutendste spätgoti-
sche Hallenkirche ohne den Klang ihrer
Orgel! Sachsens berühmtester Orgelbaumeister Gottfried Silbermann schuf das In-
strument mit 44 Registern und 2574 Pfeifen
zwischen 1710 und 1714.

## FREIBERG, St Marien Cathedral

Mining, the university, and church organs –
just some of the highlights of this city on the
Silver Street. Freiberg is regarded as the
centre of the Erz Mountain mining industry:
Ore was mined and minted here, the
mountains systematically excavated, and
the contents subjected to intense scientific
examination. The citizens of Freiberg are
immensely proud of their late-Gothic cathedral and the magnificent organ, with its
44 stops and 2574 pipes, designed and
built between 1710 and 1714 by
Gottfried Silbermann, Saxony's most famous organ master builder.

## FREIBERG, Cathédrale

La cathédrale Sainte-Marie est le symbole
de Freiberg. Église magnifique de type
halle et de style gothique tardif, son attrait
est encore rehaussé par les sons de son
orgue. Gottfried Silbermann, le plus célèbre facteur d'orgues de Saxe, fabriqua l'in-
strument de 44 registres et 2574 tuyaux
entre 1710 et 1714. Ville minière, ville uni-
versitaire, ville des orgues, Freiberg, située
sur la Route de l'Argent, a beaucoup d'at-
tributs. Ici, où débuta l'industrie minière de
l'Erzgebirge, on n'exploita pas seulement les
entrailles de la montagne pour en tirer pro-
fit, mais on les étudia aussi scientifiquement,
et cela jusqu'à nos jours.

# SCHLOSS AUGUSTUSBURG

Auf dem 516 Meter hohen Schellenberg, von allen Richtungen weithin sichtbar, steht der mächtige Renaissancebau der Augustusburg, welcher für den obersächsischen Raum und das Erzgebirge eine exponierte Stellung einnimmt. In dieser wild- und waldreichen Gegend ließ sich der Kurfürst August I. an der Stelle der durch Brand zerstörten Schellenburg ein mächtiges Jagdschloss errichten. Die 1572 geweihte Schlosskapelle ist die größte und im Raumtypus die vollkommenste protestantische Schlosskirche Sachsens.

## Schloss Augustusburg

Visible from afar in all directions, the mighty Renaissance building of the Augustus Palace stands alone on the 516-metre-high Schellenberg Mountain. It takes up an exposed position of Upper Saxon space and the Erz Mountains. It was here that Elector August I had a mighty hunting lodge erected for the Wettins at the point at which the Schellenberg Castle had been destroyed by fire in this wild and densely wooded area. The palace chapel, opened in 1572, is most complete protestant palace church in Saxony.

## Schloss Augustusburg

Visible de loin, l'imposant château de style Renaissance se dresse sur le mont Schellenberg qui, avec une hauteur de 516 m, domine cette partie de la Haute-Saxe et le Erzgebirge. Dans cette région verdoyante et giboyeuse, le prince-électeur August ler fit construire l'Augustusburg, à l'origine château de chasse, après qu'un incendie eut ravagé le Schellenburg. La chapelle, consacrée en 1572, est la plus grande et, par son architecture, la plus accomplie des églises protestantes de château de Saxe.

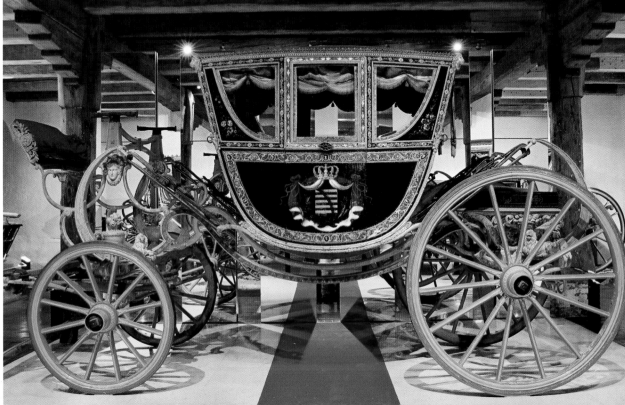

Chemnitz ist die drittgrößte sächsische Stadt und liegt am Fuße des Erzgebirges. Die Stadt hat sich in den zurückliegenden Jahren weit über das gleichnamige Flusstal hinaus ausgebreitet. Um 1909 eingeweiht, zählt die Oper in Chemnitz heute zu einer der modernsten Bühnen Deutschlands. Gemäß der Tradition werden hier viele Werke Richard Wagners aufgeführt. Etwa 1.500 Gemälde und 200 Plastiken zeigt die städtische Kunstsammlung. Die 800-jährige Stadtgeschichte wird im Schlossbergmuseum eindrucksvoll präsentiert.

Lying at the foot of the Erz Mountains, Chemnitz is the third largest city in Saxony, extending far beyond the river valley which bears its name. The Chemnitz Opera, dedicated in 1909, has one of the most modern stages in all of Germany. It has become something of a tradition to perform Richard Wagner's work here. Around 1,500 paintings and 200 sculptures are on display in the Museum of Art. The Palace Museum, recounting the history of the 800-year city, is also worth a visit.

Située au pied de l'Erzgebirge, Chemnitz est la troisième ville de Saxe. Au cours des siècles, elle s'est élargie bien au-delà de la vallée fluviale éponyme. Inauguré en 1909, l'Opéra est aujourd'hui une des scènes les plus modernes d'Allemagne. Mais tradition oblige, il est également connu pour ses nombreuses représentations wagnériennes. Le musée municipal s'enorgueillit de 1500 peintures et 200 sculptures. Installé au Burg Rabenstein, le musée « Schlossberg-museum » raconte les huits siècles d'histoire de la ville.

## Chemnitz, Stadthalle, Hotel Mercure

Chemnitz hat sich in den letzten Jahren sehr verändert und zeigt sich auch heute wieder als eine Stadt der Moderne, die sich mit den Errungenschaften der Neuzeit verbunden fühlt, verknüpft mit den Traditionen aus 850 Jahren Stadtgeschichte. Eine lebhafte Stadt zwischen Industrie und Kultur – offen, selbstbewusst und aktiv. Chemnitz war schon immer ein beliebter Ort an dem sich Architekten austoben konnten. Denn die Großindustriellen brachten Chemnitz das Kulturerbe ein und nicht die großen Fürsten.

## Chemnitz, Guildhall, Hotel Mercure

In recent years Chemnitz has undergone considerable changes and now presents itself as a modern town that is fully in tune with the contemporary world, yet has not lost sight of the traditions arising from the 850 years of its history. This lively town, open, active, confident, succeeds in striking a balance between industry and culture. Chemnitz has always been a favourite place for experimental architects, for it was not the local aristocrats but major industrial enterprises that set their stamp on local culture.

## Chemnitz, salle municipale

Chemnitz a énormément changé ces dernières années, pour devenir une ville moderne qui associe toutes les nouvelles réalisations de notre ère contemporaine aux traditions d'une cité dotée d'une histoire longue de 850 ans. Ville pleine de vie, entre industrie et culture, Chemnitz est active, ouverte et a le sentiment de sa valeur. Elle a par ailleurs toujours été un endroit très attrayant pour les architectes qui l'ont modelée, car ce sont les grands industriels et non pas les ducs et les princes qui lui ont apporté son patrimoine culturel!

## Galeria Kaufhof

Museum für Naturkunde ▷
Versteinerter Wald

Zu einer lebhaften Stadt gehört auch eine urbane Kultur-, Einkaufs- und Veranstaltungslandschaft. In diesem Sinne hat Chemnitz ein reichhaltiges Angebot zu bieten, Museen, Galerien, Kabarett, Theater sogar mehrsprachig, Oper, Operette, Festivals, wie das Sächsische Mozartfest, oder das Kulturfestival der Bewegung, welches Musik, Tanz und Theater beinhaltet. Restaurants für jeden Geschmack, Bars, Diskotheken und Shopping in geschmackvollen Geschäften. Aber auch für ein ausgewogenes Sport- und Naherholungsangebot ist gesorgt.

To create a lively town these days, it is necessary to provide amenities that serve people's needs as regards culture, shopping and events. In this sense, Chemnitz has plenty to offer – museums, galleries, cabaret, theatre (even multilingual), opera, operetta, and festivals such as the Saxon Mozart Festival or the Festival of Movement, which includes music, dance and theatre events. There are restaurants to suit every taste, bars, discos and stylish shops. In addition, Chemnitz provides a well-balanced range of leisure and sports facilities.

La culture, le commerce et les divertissements sont inhérents au paysage urbain d'une ville en plein essor. Chemnitz a beaucoup à offrir, que ce soit musées, galeries, théâtres, opéras, opérettes, festivals tels que la fête saxonne de Mozart, ou encore le Festival culturel du Mouvement qui réunit musique, danse et théâtre. Des restaurants pour tous les goûts, des bars, des discothèques, sans oublier le shopping dans les nombreux magasins, complètent les attraits de la ville. La campagne environnante offre également détente, loisirs et sports à foison.

Die Rabensteiner Felsendome sind im Innern im Sommer angenehm kühl und im Winter herrscht kein Frost, ganzjährig liegt hier die Temperatur über 6°C. Zahlreiche Fledermäuse bewohnen die dunklen Höhlen und Besucher erfreuen sich der Konzerte, die wegen der wunderbaren Akustik hier in regelmäßigen Abständen veranstaltet werden. Ursprünglich waren die Felsendome ein Kalkbergwerk, welches um 1375 erstmals erwähnt, doch Anfang des 19. Jahrhundert stillgelegt wurde. Heute ziehen die durch den Abbau entstandenen Sohlen viele Touristen an.

The Rabenstein caves are pleasantly cool during the summer and free from frost in winter, with an internal temperature of no less than 6oC. Many bats live in these dark caves. Regular concerts are held here, and visitors are enthralled by the wonderful acoustics. The caves were originally chalk mines, first mentioned around 1375, but these were shut down at the beginning of the 19th century. Nowadays the remains of these early geological excavations attract many tourists.

Les grottes dites « Rabensteiner Felsendome » gardent été comme hiver une température de plus de 6° C. Une colonie de chauves-souris habite les cavernes sombres. Mais une partie de la mine a été aménagée et offre une acoustique incomparable lors des concerts qui y ont lieu. À l'origine, le site était une carrière de calcaire, mentionnée pour la première fois sur un document daté de 1375 et dont l'exploitation se termina au début du XIXe siècle. Aujourd'hui, les touristes parcourent les galeries creusées au cours des siècles.

Eine Außenstelle betreibt das Schlossbergmuseum Chemnitz im Stadtteil Rabenstein. Die Entstehungszeit der gleichnamigen Burg reicht auf das Jahr 1336 zurück, als sie erstmals urkundlich erwähnt wurde. Die mittelalterliche Burganlage wurde mehrfach stark beschädigt und erst in den 1950er Jahren nach Sicherungsmaßnahmen wieder für die Besucher frei gegeben. Im Sommer können die eindrucksvolle Oberburg, sowie das restaurierte Erdgeschoss der Unterburg, besichtigt werden. Durch Sonderausstellungen wird das Angebot bereichert.

A branch of the Castle Museum of Chemnitz can be found in the suburb of Rabenstein. The origins of the castle can be dated back to 1336. The medieval castle, much damaged over time, was only reopened to the public in the 1950's after it was once again made safe. Both the impressive Upper Castle and the restored ground floor of the Lower Castle can be viewed during the summer months. Special exhibitions enhance what the castle has to offer.

Le quartier de Rabenstein a pris le nom de l'ancienne forteresse mentionnée pour la première fois dans un document vers 1336. Ravagé plusieurs fois au cours des siècles, le château médiéval fut restauré dans les années 1950 et de nouveau rendu accessible au public. Durant la saison d'été, on peut visiter l'impressionnant Oberburg (château supérieur) ainsi que le rez-de-chaussée réhabilité de l'Unterburg (château inférieur). Diverses expositions sont organisées toute l'année au « Schlossbergmuseum ».

## WASSERSCHLOSS KLAFFENBACH

Das reizvolle Wasserschloss Klaffenbach liegt direkt am Tor zum Erzgebirge. Neben seinem wunderschönen Anblick und seinen architektonischen Besonderheiten bietet das Schloss aus dem 16. Jahrhundert seinen Gästen eine Fülle an Kultur- und Freizeiterlebnissen. Der Veranstaltungskalender ist ganzjährig mit Vorführungen, Ausstellungen, Konferenzen und Konzerten gefüllt. Malerische Übernachtungen bietet das Schlosshotel. Ein Museum für sächsische Fahrzeuge und ein Golfclub sorgen für Abwechslung.

### Moated Castle Klaffenbach

The attractive 16th century moated castle of Klaffenbach lies at the proverbial gates of the Erz Mountains. With its architecture, wonderful views, leisure activities and programme of cultural events throughout the year – performances, exhibitions, conferences and concerts – there is much to tempt the visitor. A museum devoted to Saxon carriages and vehicles, a riding stable and a golf course offer further variety. The castle hotel is a charming spot for an overnight stay.

### Wasserschloss Klaffenbach

Le château entouré de douves de Klaffenbach se dresse directement aux portes de l'Erzgebirge. Construit au milieu du XVIe siècle, l'édifice offre à ses visiteurs un joyau architectural de style Renaissance, mais aussi une foison de manifestations culturelles. Durant toute l'année, l'agenda est rempli de visites guidées, d'expositions, de conférences et de concerts. En outre, l'hôtel du château promet un séjour inoubliable. Un musée de vieilles voitures, un centre équestre et un club de golf complètent les prestations offertes par le château.

Stollberg, liebevoll auch als „Tor zum Erzgebirge" be- zeichnet, gilt als eine der ältesten Stadtansiedlungen Sachsens. Alljährlich zur Walpurgisnacht zieht es hun- derte Einwohner und Gäste an den Walkteich zum abendlichen Hexenfeuer. Ebenso viele Gäste kommen zum Pyramideanschieben und -anhalten in der Ad- ventszeit. Die Stollberger Burg „Hoheneck" erlebte er- eignisreiche Jahrhunderte und vollzog die Entwicklung von einer Ritterburg bis zum gefürchteten Frauenge- fängnis (bis 2001). Seit 2008 als "Haus des Gastes" und touristisches Zentrum, ist das Schloss wieder zugänglich.

Stollberg, lovingly referred to as the "Gateway to the Erz Mountains", is one of the oldest settlements in Sax- ony, although the exact date is not known. The annual Walpurgis Night celebrations draw hundreds of locals and visitors to the Walk pond and the nightly witches fire, and just as many people come to see the pyramid. The "Hoheneck" Castle in Stollberg has an eventful history, having been in its time a knight's castle and more recently, until 2001, a feared womans detention centre. Since 2008, as the "House of the Guest" and tourism center is the castle open for the public.

Appelée « Porte de l'Erzgebirge » Stollberg serait une des plus anciennes localités de Saxe, bien que la date de sa fondation ne soit pas exactement connue. Chaque année, la veille du Ier mai, une foule de gens venus de toute l'Allemagne, se rendent au Walkteich pour y célé- brer la nuit de « Walpurgis » (Nuit des sorcières), au- tour d'un immense bûcher. Le château de Stollberg appelé « Hoheneck » a un passé très mouvementé. Château féodal, puis prison pour femme redouté jusqu'en 2001. Depuis 2008, la « maison de l'invité» et centre touristique est le château ouvert au public.

Wahrzeichen der Stadt ist das weithin sichtbare Schloss, in dem Hungerturm, Folterkammer und Ganganlagen zu besichtigen sind. Weltoffen ist auch das Daetz-Centrum in Lichtenstein. Das weltweit erste Zentrum der Holzbildhauerkunst präsentiert in seiner Dauerausstellung Werke aus allen Kontinenten. Vor den Toren der Stadt öffnet alljährlich im Frühjahr die Miniwelt im Landschaftspark ihre Pforten. Über 100 Bauwerke aus aller Welt im Maßstab 1:25, werden durch neue Kunstwerke der Modellbauer jedes Jahr erweitert.

The castle, which is the focal point of the city, can be seen for miles around. Visitors can see the dungeon, the torture chamber and the tower where prisoners were once starved to death. The Daetz Centre in Lichtenstein is the first centre in the world dedicated to the art of woodcarving, and its permanent exhibition contains work from every continent. The model village in the country park on the outskirts of Lichtenstein opens its doors in April each year. Each year model makers from around the world add to the 90 miniature buildings, built to a scale of 1:25.

Une visite du château réservera des surprises, avec entre autres sa salle des tortures! Le « Daetz-Centrum Lichtenstein » a la même veine cosmopolite. Il est l'unique lieu d'exposition au monde abritant une collection de sculptures sur bois originaires de tous les continents. Situé aux portes de Lichtenstein, le « Mini-welt » (monde miniature) accueille les visiteurs à partir d'avril. On peut y admirer 90 maquettes de monuments du monde entier reproduits à l'échelle 1:25, auxquelles viennent s'ajouter d'autres oeuvres chaque année.

© Copyright by:
**ZIETHEN-PANORAMA VERLAG**
D-53902 Bad Münstereifel · Flurweg 15
www.ziethen-panoramaverlag.de
E-mail: mal@ziethen-panoramaverlag.de
Tel: 02236-3989-33

überarbeitete Auflage 2013

Redaktion und Gestaltung: Horst Ziethen

Einleitungstext als auszugsweiser Zusammenschnitt aus dem MARCO POLO- Erzgebirgs-Reiseführer von Mairs Geographischer Verlag mit freundlicher Genehmigung entnommen.

Bildtexte: Ariane Grund, Redaktion ZPV/AZ – Texte S. 12, 38, 31, 32, 36, 38, 39, 41, 44, 45, 52, 53, 64, 71, 77, 78, Adreas Schmidt 29

Übersetzungen:
Englisch: Sheryl Bauchwitz, Gwendolen Webster
Französische: France Varry

Produktion: ZIETHEN-PANORAMA VERLAG

Printed in Germany

ISBN 978-3-934328-85-3

BILDNACHWEIS / table of illustations / table des illustrations
Fotografen                                                Seiten:

Foto Lohse. . . . . . . . . . . . . . . . . . . . . . . . . . . . 1, 12, 14, 17, 27, 30(2), 34, 35, 36, 37, 38(2), 39, 40(3), 41b,
. . . . . . . . . . . . . . . . . . . . . . . . . . . . . . 42, 43, 44(3), 45, 47, 50(4), 51, 52, 53, 54, 56, 59, 70, 71, 72,
. . . . . . . . . . . . . . . . . . . . . . . . . . . . . . 74(3), 75c, 76(2), 77, 78(4), 79, 81, 82, 83, 84
BA Punctum . . . . . . . . . . . . . . . . . . . . /Wolfgang Krammisch 11, 23, 28, 29, 32, 33, 55, 57, 61, 62,
. . . . . . . . . . . . . . . . . . . . . . . . . . . . . . 66, 67, 69; /Peter Franke 13, 16, 19a, 24; /Hans-Peter
. . . . . . . . . . . . . . . . . . . . . . . . . . . . . . Szyszka 9, 10; /Bertram Kober 48, 80
Walter Wagner . . . . . . . . . . . . . . . . . . . . 18, 20, 22, 26
Achim Keiper . . . . . . . . . . . . . . . . . . . . . 41a, 73
Fridmar Damm . . . . . . . . . . . . . . . . . . . . 49, 58
BA Huber . . . . . . . . . . . . . . . . . . . . . . . . /Reinhard Schmid 25, 31, 65

Werner Otto: 15 · Miebner: 19b · BA VISUM: 21a · DPA/W.Thieme: 21b · A1 pix/AAA: 46 · André Kaiser: 60 ·
Ullstein/Steffens 63 · bildagentur-online: 64 · Rainer Weisflog 68 · Horst Ziethen: 75 a+b

Karte auf den Vor- und Nachsatzseiten:
Mit Genehmigung und Unterstützung des Tourismusverbandes Erzgebirge e.V.